45+ Ejercicios para Aprender Algoritmos Genéticos en Python.

Nivel Básico.

Índice.

Índice.	1
Introducción.	3
Introducción a los Algoritmos Genéticos.	4
Ejemplos básicos de algoritmos genéticos:	7
Ejercicio 1. Optimización de una Función Simple.	9
Resultado:	11
Ejercicio 2. Optimización de una Función Unimodal.	12
Ejercicio 3. Maximización de una Función Cuadrática.	15
Ejercicio 4. Optimización de Cadena de bits	18
Ejercicio 5. Optimizacion de Cadena de bit usando DEAP.	21
Ejercicio 6.Optimización usando DEAP con selección elitista.	24
Ejercicio 7. Optimización usando DEAP con selección por torneo.	27
Ejercicio 8. Máximo de una Función.	30
Ejercicio 9. Mínimo de una Función.	33
Ejercicio 10. Optimización con Mínimo de una Función.	36
Ejercicio 11. Travelling Salesman Problem, TSP.	39
Ejercicio 12. Minimización de Pérdida de Energía.	42
Ejercicio 13. Asignación de Tareas	47
Ejercicio 14. Maximización de Producción.	51
Ejercicio 15. Asignación de Recursos.	56
Ejercicio 16. Asignación de Tareas en Programación de Proyectos.	60
Ejercicio 17. Asignación de ördenes de Producción.	64
Ejercicio 18. Asignación de Ubicaciones.	70
Ejercicio 19. Asignación de Productos en Almacén.	76
Ejercicio 20. Asignación de Tareas en un Proyecto.	80
Ejercicio 21. Asignación de Recursos Logísticos.	86
Ejercicio 22. Programación de la Producción.	92
Ejercicio 23. Asignación óptima de tareas.	98
Ejercicio 24. El problema de la Mochila (Knapsack problem).	105
Ejercicio 25. Juego del Ahorcado.	111
Ejercicio 26. Juego de Adivinar un Número.	114

Ejercicio 27. Juego del Gato. 116
Ejercicio 27. Juego de Conecta 4. 119
Ejercicio 28. Juego de Buscaminas. 123
Ejercicio 29. Juego de Tic-Tac-Toe. 129
Ejercicio 30. Juego de Blackjack. 133
Ejercicio 31. Clasificación Prendas de Vestir. 136
Ejercicio 32. El problema de la mochila (knapsack problem). 139
Ejercicio 33. Mínimo de la Función de Rosenbrock. 143
Ejercicio 34. Optimización Combinatoria, TSP 148
Ejercicio 35. Mínimo de la Función de Ackley. 152
Ejercicio 36. Optimización de la Función de Rastringin. 157
Ejercicio 37. Mínimo de la Función Griewank. 162
Ejercicio 38. Optimización de la Función de Schwefel. 167
Ejercicio 39. Optimización de la Función de Rosenbrock. 171
Ejercicio 40. Optimización de la Función de De Jong. 174
Ejercicio 41. Optimización de la Función Ackley. 178
Ejercicio 42. Optimización de la Función de Rastringin. 183
Ejercicio 43. Optimización de la Función Griewank. 186
Ejercicio 44. Optimización de la Función Esférica. 189
Ejercicio 45. Optimización de la Función De Jong 2. 193
Ejercicio 46. Optimización de la Función De Jong 3. 197
Ejercicio 47. Optimización de la Función De Jong 4. 200

Conclusiones: **203**
    Desafíos de la optimización global: 206
    Utilización de algoritmos genéticos para resolver estos problemas: 206

Introducción.

Los algoritmos genéticos son una poderosa herramienta en el campo de la inteligencia artificial y la optimización. Inspirados en los principios de la evolución natural, los algoritmos genéticos imitan el proceso de selección natural para resolver problemas complejos de optimización, búsqueda y aprendizaje automático. Estos algoritmos son ampliamente utilizados en una variedad de industrias, desde la ingeniería y la robótica hasta la biología y la economía.

Este libro, "70 Ejercicios para Aprender Algoritmos Genéticos", está diseñado para proporcionar a los lectores una comprensión práctica y profunda de los algoritmos genéticos a través de una serie de ejercicios que abarcan una amplia gama de aplicaciones. Cada ejercicio está diseñado para desafiar y fortalecer las habilidades de programación y comprensión de los conceptos fundamentales de los algoritmos genéticos.

A lo largo de este libro, los lectores se sumergirán en ejercicios que cubren desde los fundamentos básicos hasta aplicaciones avanzadas de los algoritmos genéticos. Desde la optimización de funciones matemáticas hasta la creación de redes neuronales y la resolución de problemas de diseño, estos ejercicios proporcionarán una base sólida para comprender y aplicar los algoritmos genéticos en una variedad de contextos.

Cada ejercicio incluye una descripción detallada del problema a resolver, seguida de una implementación práctica en Python. Se proporcionan explicaciones paso a paso para guiar a los lectores a través del proceso de resolución del problema, lo que les permite comprender los conceptos subyacentes y desarrollar sus habilidades de programación.

Ya sea que seas un principiante en el campo de la inteligencia artificial o un profesional experimentado en busca de mejorar tus habilidades, este libro te proporcionará los conocimientos y la práctica necesarios para dominar los algoritmos genéticos y aplicarlos de manera efectiva en una variedad de escenarios del mundo real.

¡Prepárate para embarcarte en un emocionante viaje de aprendizaje mientras exploramos juntos el fascinante mundo de los algoritmos genéticos!

Introducción a los Algoritmos Genéticos.

Los algoritmos genéticos (AG) son una técnica de optimización inspirada en la evolución natural y fueron desarrollados por John Holland en la década de 1960 en la Universidad de Míchigan. Estos algoritmos se basan en los principios de la selección natural, la reproducción y la mutación para resolver problemas complejos de optimización y búsqueda.

Los conceptos básicos de los algoritmos genéticos incluyen:

- Individuos: Representan posibles soluciones al problema.
- Población: Conjunto de individuos en una generación particular.
- Función de evaluación (fitness): Determina qué tan buena es una solución en términos de cumplir con los objetivos del problema.
- Selección: Mecanismo para seleccionar individuos para la reproducción, generalmente basado en su aptitud.
- Cruce: Operador que combina la información genética de dos individuos para producir descendencia.

- Mutación: Operador que introduce variaciones aleatorias en los individuos para mantener la diversidad genética en la población.

Analogía con la evolución natural:

La analogía con la evolución natural es fundamental para comprender los algoritmos genéticos. En la naturaleza, las especies evolucionan a lo largo del tiempo a través de procesos de selección natural, reproducción y mutación. De manera similar, en los algoritmos genéticos, los individuos representan posibles soluciones al problema que evolucionan y se adaptan a lo largo de las generaciones.

La selección natural determina qué individuos tienen una mayor probabilidad de sobrevivir y reproducirse, lo que lleva a una mayor frecuencia de los genes más aptos en la población. De manera análoga, en los algoritmos genéticos, los individuos con una mayor aptitud tienen más probabilidades de ser seleccionados para la reproducción y, por lo tanto, influyen en la composición de la población en las generaciones futuras.

Aplicaciones en la vida real:

Los algoritmos genéticos tienen una amplia gama de aplicaciones en la vida real en diversos campos, incluyendo:

- Ingeniería: Optimización de diseños de productos y procesos industriales.
- Informática: Optimización de algoritmos y estructuras de datos.
- Finanzas: Optimización de carteras de inversión y estrategias comerciales.
- Biología: Modelado de sistemas biológicos y evolución de especies.
- Robótica: Diseño y control de robots autónomos.
- Juegos: Desarrollo de estrategias inteligentes para juegos y deportes.

Estas son solo algunas de las muchas aplicaciones de los algoritmos genéticos en la vida real. Su capacidad para manejar problemas complejos y su versatilidad los hacen herramientas valiosas en una amplia variedad de áreas y disciplinas.

Representación de individuos y poblaciones:

En los algoritmos genéticos, los individuos representan posibles soluciones al problema que se está abordando. La representación de los individuos puede ser en forma de cadenas de bits, vectores numéricos, árboles, grafos, entre otros, dependiendo del tipo de problema que se esté resolviendo.

La población está compuesta por un conjunto de estos individuos. Cada individuo de la población representa una solución potencial al problema, y la población en su conjunto abarca una diversidad de posibles soluciones.

La calidad de una población se mide en función de la aptitud (fitness) de sus individuos, que es evaluada por una función de evaluación específica.

Función de evaluación (fitness):

La función de evaluación (fitness) es un componente fundamental en los algoritmos genéticos. Esta función asigna un valor numérico a cada individuo de la población que representa qué tan buena es esa solución en términos de cumplir con los objetivos del problema.

La función de evaluación puede ser maximizadora o minimizadora, dependiendo de si el objetivo es maximizar o minimizar alguna medida de desempeño. Por ejemplo, en un problema de optimización, la función de evaluación podría ser el valor de una función objetivo que se está intentando maximizar o minimizar.

La función de evaluación es crucial ya que guía la evolución de la población a lo largo de las generaciones, favoreciendo la selección de individuos con una mayor aptitud para la reproducción y la supervivencia.

Operadores genéticos: selección, cruce y mutación:

Los operadores genéticos son los mecanismos que se utilizan para modificar la composición genética de los individuos en la población, imitando los procesos de selección natural, reproducción y mutación en la evolución biológica.

- Selección: El operador de selección determina qué individuos serán seleccionados para reproducirse y crear descendencia para la próxima generación. Los métodos de selección comunes incluyen la selección por torneo, la selección proporcional a la aptitud (ruleta) y la selección elitista.
- Cruce (crossover): El operador de cruce combina la información genética de dos individuos seleccionados para producir uno o más descendientes. Esto se realiza mediante la combinación de partes de los cromosomas de los padres para generar nuevos cromosomas para la descendencia. Los métodos comunes de cruce incluyen el cruce de un solo punto, el cruce de múltiples puntos y el cruce uniforme.
- Mutación: El operador de mutación introduce cambios aleatorios en los individuos para mantener la diversidad genética en la población. Esto ayuda a prevenir la convergencia prematura hacia soluciones subóptimas. La mutación generalmente implica la modificación aleatoria de uno o más genes en un individuo, como cambiar un bit en una cadena de bits o ajustar un valor en un vector numérico.

Estos operadores genéticos trabajan en conjunto para generar nueva descendencia a partir de la población actual en cada generación, permitiendo que los algoritmos genéticos exploren el espacio de búsqueda de soluciones y converjan hacia soluciones óptimas o cercanas a óptimas para el problema dado.

Ejemplos básicos de algoritmos genéticos:

Optimización de una función simple:

> Este es un ejemplo simple que busca el máximo de una función cuadrática. La función objetivo es
> $f(x)=x_2$
> .

Problema del viajante de comercio (TSP):
> El problema del viajante de comercio implica encontrar la ruta más corta que visite todas las ciudades exactamente una vez y regrese al punto de partida. En este caso, los individuos representan posibles rutas, y la función de evaluación podría ser la distancia total de la ruta.

Problema de la mochila:
> En el problema de la mochila, se desea determinar qué artículos incluir en una mochila de capacidad limitada para maximizar el valor total de los artículos incluidos. Aquí, los individuos representan posibles combinaciones de artículos, y la función de evaluación podría ser el valor total de los artículos incluidos mientras no exceda la capacidad de la mochila.

Diseño de red neuronal:
> En este ejemplo, se puede utilizar un algoritmo genético para optimizar los pesos y las conexiones de una red neuronal con el objetivo de minimizar la pérdida en un conjunto de datos de entrenamiento.

Estos son solo ejemplos básicos para ilustrar cómo se pueden aplicar los algoritmos genéticos en diferentes tipos de problemas. La complejidad y el detalle de la implementación pueden variar según el problema específico que se esté abordando.

Bibliotecas de Algoritmos genéticos.

Para implementar algoritmos genéticos en Python, una de las bibliotecas más populares y potentes es DEAP (Distributed Evolutionary Algorithms in Python). DEAP proporciona una amplia gama de herramientas y funciones para la implementación eficiente de algoritmos genéticos y otros algoritmos evolutivos. Aquí tienes una guía básica para usar DEAP junto con ejemplos prácticos de codificación en Python:

Instalación de DEAP:

```
pip install deap
```

Ejemplo práctico:

Ejercicio 1. Optimización de una Función Simple.

Vamos a crear un algoritmo genético simple para encontrar el máximo de la función `x^2`.

Solución:

```
import random
from deap import base, creator, tools

# Definir el problema de optimización
creator.create("FitnessMax", base.Fitness, weights=(1.0,))
creator.create("Individual", list, fitness=creator.FitnessMax)
```

```python
# Crear una instancia del toolbox de DEAP
toolbox = base.Toolbox()

# Generador de genes (valores de x)
toolbox.register("attr_float", random.uniform, -5, 5)

# Definir el tamaño del cromosoma
toolbox.register("individual", tools.initRepeat,
creator.Individual, toolbox.attr_float, n=1)

# Definir la población
toolbox.register("population", tools.initRepeat, list,
toolbox.individual)

# Definir la función de evaluación (fitness)
def eval_func(individual):
 x = individual[0]
 return x**2,

# Registrar la función de evaluación en el toolbox
toolbox.register("evaluate", eval_func)

# Definir los operadores de cruce y mutación
toolbox.register("mate", tools.cxBlend, alpha=0.5)
toolbox.register("mutate", tools.mutGaussian, mu=0,
sigma=1, indpb=0.2)

# Definir el operador de selección
toolbox.register("select", tools.selTournament,
tournsize=3)

# Definir el tamaño de la población y el número de
generaciones
population_size = 10
num_generations = 10

# Crear la población inicial
```

```python
population = toolbox.population(n=population_size)

# Evaluar la población inicial
fitnesses = list(map(toolbox.evaluate, population))
for ind, fit in zip(population, fitnesses):
 ind.fitness.values = fit

# Evolucionar la población a través de las generaciones
for gen in range(num_generations):
 # Seleccionar a los padres
 offspring = toolbox.select(population, len(population))

 # Clonar a los padres seleccionados
 offspring = list(map(toolbox.clone, offspring))

 # Aplicar cruce y mutación a la descendencia
 for child1, child2 in zip(offspring[::2], offspring[1::2]):
        toolbox.mate(child1, child2)
 del child1.fitness.values
 del child2.fitness.values

 for mutant in offspring:
        if random.random() < 0.2:
             toolbox.mutate(mutant)
 del mutant.fitness.values

 # Evaluar la descendencia
 invalid_ind = [ind for ind in offspring if not ind.fitness.valid]
 fitnesses = map(toolbox.evaluate, invalid_ind)
 for ind, fit in zip(invalid_ind, fitnesses):
        ind.fitness.values = fit

 # Reemplazar la población actual por la descendencia
 population[:] = offspring

# Obtener el mejor individuo de la población final
```

```
best_ind = tools.selBest(population, 1)[0]
print("El mejor individuo encontrado:", best_ind)
print("Valor óptimo encontrado:",
best_ind.fitness.values[0])
```

Resultado:

El mejor individuo encontrado: [-4.96542975352553]
Valor óptimo encontrado: 30.80530617703481

Este es solo un ejemplo básico de cómo implementar un algoritmo genético utilizando DEAP en Python. Puedes adaptar este código para resolver problemas de optimización más complejos y explorar más funciones y operadores proporcionados por DEAP. Experimenta con diferentes parámetros y operadores para ver cómo afectan el rendimiento y la convergencia del algoritmo genético.

Ejercicio 2. Optimización de una Función Unimodal.

A continuación otro ejemplo básico de un algoritmo genético. En este caso, vamos a resolver un problema de optimización de una función unimodal utilizando una versión más simplificada del algoritmo genético:

Solución:

```python
import random
import math

# Función de evaluación (fitness)
def fitness_func(x):
 return -x**2 + 10 * math.cos(2*math.pi*x)

# Configuración del algoritmo genético
population_size = 10
num_generations = 5
mutation_rate = 0.1

# Inicialización de la población
population = [random.uniform(-5, 5) for _ in range(population_size)]

# Evolución de la población
for generation in range(num_generations):
 # Evaluación de la población
 fitness_scores = [fitness_func(x) for x in population]

 # Selección de los padres (torneo)
 selected_parents = []
 for _ in range(population_size):
 parent_1 = random.choice(population)
 parent_2 = random.choice(population)
 selected_parents.append(max(parent_1, parent_2))

 # Cruce (intercambio de genes)
 offspring = []
 for _ in range(population_size):
 parent_1 = random.choice(selected_parents)
 parent_2 = random.choice(selected_parents)
 crossover_point = random.randint(0, len(str(bin(int(parent_1)))[2:]))
 offspring.append((parent_1 + parent_2) / 2)
```

```
# Mutación (cambio aleatorio)
for i in range(len(offspring)):
if random.random() < mutation_rate:
offspring[i] += random.uniform(-0.1, 0.1)

# Reemplazo de la población por la descendencia
population = offspring

# Encontrar el mejor individuo
best_individual = max(population, key=lambda x:
fitness_func(x))
best_fitness = fitness_func(best_individual)
print("El mejor individuo encontrado:", best_individual)
print("Valor óptimo encontrado:", best_fitness)
```

Resultado:

El mejor individuo encontrado: 1.8515970453766348
Valor óptimo encontrado: 2.530324688268392

En este ejemplo, estamos tratando de encontrar el máximo de la función

$f(x)=-x_2+10\cos(2\pi x)$. El algoritmo genético sigue un proceso similar al de los ejemplos anteriores: inicialización de la población, evaluación de la aptitud, selección de padres, cruce, mutación y reemplazo de la población por la descendencia. Finalmente, se encuentra el mejor individuo que maximiza la función de evaluación.

Ejercicio 3. Maximización de una Función Cuadrática.

Aquí tienes otro ejemplo básico de un algoritmo genético para resolver un problema de optimización. En este caso, vamos a maximizar una función cuadrática con un único máximo conocido:

Solución:

```
import random

# Función de evaluación (fitness)
def fitness_func(x):
  return -(x - 3)**2 + 10

# Configuración del algoritmo genético
population_size = 10
num_generations = 5
mutation_rate = 0.1

# Inicialización de la población
population = [random.uniform(0, 6) for _ in
range(population_size)]

# Evolución de la población
for generation in range(num_generations):
 # Evaluación de la población
 fitness_scores = [fitness_func(x) for x in population]

 # Selección de los padres (torneo)
 selected_parents = []
```

```python
    for _ in range(population_size):
        parent_1 = random.choice(population)
parent_2 = random.choice(population)
selected_parents.append(max(parent_1, parent_2))

    # Cruce (intercambio de genes)
    offspring = []
    for _ in range(population_size):


        parent_1 = random.choice(selected_parents)
parent_2 = random.choice(selected_parents)
crossover_point = random.randint(0,
len(str(bin(int(parent_1)))[2:])))
offspring.append((parent_1 + parent_2) / 2)

    # Mutación (cambio aleatorio)
    for i in range(len(offspring)):
        if random.random() < mutation_rate:
            offspring[i] += random.uniform(-0.1, 0.1)
    # Mantener a los individuos dentro del rango permitido
[0, 6]
    offspring[i] = max(0, min(6, offspring[i]))

    # Reemplazo de la población por la descendencia
    population = offspring

# Encontrar el mejor individuo
best_individual = max(population, key=lambda x:
fitness_func(x))
best_fitness = fitness_func(best_individual)
print("El mejor individuo encontrado:", best_individual)
print("Valor óptimo encontrado:", best_fitness)
```

Resultado:

El mejor individuo encontrado: 5.704039980438006

Valor óptimo encontrado: 2.688167784192827

En este ejemplo, estamos tratando de maximizar la función

$f(x)=-(x-3)^2+10$, que tiene un máximo en $x=3$. El algoritmo genético sigue un proceso similar al de los ejemplos anteriores: inicialización de la población, evaluación de la aptitud, selección de padres, cruce, mutación y reemplazo de la población por la descendencia. Finalmente, se encuentra el mejor individuo que maximiza la función de evaluación.

Ejercicio 4. Optimización de Cadena de bits

Este es un ejemplo básico de un algoritmo genético. En este caso, vamos a resolver un problema de optimización más general: encontrar la cadena de bits más larga de unos (1) en una población de cadenas de bits aleatorias:

Solución:

```
import random

# Función de evaluación (fitness)
def fitness_func(individual):
  return sum(individual),

# Configuración del algoritmo genético
population_size = 10
```

```python
individual_length = 10
num_generations = 5
mutation_rate = 0.1

# Inicialización de la población
population = [[random.randint(0, 1) for _ in
range(individual_length)] for _ in
range(population_size)]

# Evolución de la población
for generation in range(num_generations):
 # Evaluación de la población
 fitness_scores = [fitness_func(individual) for
individual in population]

 # Selección de los padres (torneo)
 selected_parents = []
 for _ in range(population_size):
      parent_1 = random.choice(population)
 parent_2 = random.choice(population)
 selected_parents.append(max(parent_1, parent_2,
key=fitness_func))

 # Cruce (intercambio de genes)
 offspring = []
 for _ in range(population_size):
      parent_1 = random.choice(selected_parents)
 parent_2 = random.choice(selected_parents)
 crossover_point = random.randint(0, individual_length)
 child = parent_1[:crossover_point] +
parent_2[crossover_point:]
 offspring.append(child)

 # Mutación (cambio aleatorio)
 for i in range(len(offspring)):
      for j in range(len(offspring[i])):
            if random.random() < mutation_rate:
```

```
                    offspring[i][j] = 1 if
offspring[i][j] == 0 else 0

# Reemplazo de la población por la descendencia
population = offspring

# Encontrar el mejor individuo
best_individual = max(population, key=fitness_func)
best_fitness = fitness_func(best_individual)
print("El mejor individuo encontrado:", best_individual)
print("Valor óptimo encontrado:", best_fitness[0])
```

Resultado:

El mejor individuo encontrado: [1, 0, 1, 1, 0, 1, 1, 0, 0, 1]

Valor óptimo encontrado: 6

En este ejemplo, la función de evaluación cuenta el número de unos (1) en cada cadena de bits y devuelve la suma como la aptitud de cada individuo. El objetivo es maximizar esta suma, es decir, encontrar la cadena de bits más larga de unos. El algoritmo genético sigue un proceso similar al de los ejemplos anteriores, incluyendo inicialización de la población, evaluación de la aptitud, selección de padres, cruce, mutación y reemplazo de la población por la descendencia. Finalmente, se encuentra el mejor individuo que maximiza la función de evaluación.

Ejercicio 5. Optimizacion de Cadena de bit usando DEAP.

Aquí tienes otro ejercicio básico de un algoritmo genético. En este caso, resolveremos un problema de optimización para encontrar la cadena de bits más larga de unos (1) en una población de cadenas de bits aleatorias, pero esta vez utilizando la biblioteca DEAP para facilitar la implementación:

Solución:

```
import random
from deap import base, creator, tools

# Configuración de DEAP
creator.create("FitnessMax", base.Fitness, weights=(1.0,))
creator.create("Individual", list, fitness=creator.FitnessMax)
toolbox = base.Toolbox()

# Definir la longitud de la cadena de bits
INDIVIDUAL_LENGTH = 10
POPULATION_SIZE = 50
NUM_GENERATIONS = 20

# Función para generar una cadena de bits aleatoria
def generate_individual():
```

```python
    return [random.randint(0, 1) for _ in
range(INDIVIDUAL_LENGTH)]

# Función de evaluación (fitness)
def fitness_func(individual):
    return sum(individual),

# Registrando operadores en el toolbox de DEAP
toolbox.register("individual", tools.initIterate,
creator.Individual, generate_individual)
toolbox.register("population", tools.initRepeat, list,
toolbox.individual)
toolbox.register("evaluate", fitness_func)
toolbox.register("mate", tools.cxTwoPoint)
toolbox.register("mutate", tools.mutFlipBit, indpb=0.1)
toolbox.register("select", tools.selTournament,
tournsize=3)

# Configuración del algoritmo genético
population_size = POPULATION_SIZE
num_generations = NUM_GENERATIONS

# Inicialización de la población
population = toolbox.population(n=population_size)

# Evolución de la población
for generation in range(num_generations):
    # Evaluación de la población
    fitnesses = list(map(toolbox.evaluate, population))
    for ind, fit in zip(population, fitnesses):
        ind.fitness.values = fit

    # Reemplazar la población actual con la nueva
generación
    offspring = toolbox.select(population,
len(population))
    offspring = list(map(toolbox.clone, offspring))
```

```
    # Cruce y mutación
    for child1, child2 in zip(offspring[::2],
offspring[1::2]):
        if random.random() < 0.5:
            toolbox.mate(child1, child2)
            del child1.fitness.values
            del child2.fitness.values

    for mutant in offspring:
        if random.random() < 0.1:
            toolbox.mutate(mutant)
            del mutant.fitness.values

    population[:] = offspring

# Encontrar el individuo con la cadena de bits más larga
de unos
best_individual = max(population, key=lambda x: sum(x))
print("El mejor individuo encontrado:", best_individual)
print("Longitud de la cadena de unos:",
sum(best_individual))
```

Resultado:
El mejor individuo encontrado: [1, 1, 1, 1, 1, 1, 1, 1, 1, 1]
Longitud de la cadena de unos: 10

En este ejemplo, utilizamos la biblioteca DEAP para definir la estructura del individuo (cadena de bits), la función de evaluación, los operadores genéticos (cruce y mutación) y el método de selección. Luego, ejecutamos el algoritmo genético durante un número determinado de generaciones para encontrar la cadena de bits más larga de unos. Finalmente, mostramos el mejor individuo encontrado y su valor de aptitud.

Ejercicio 6. Optimización usando DEAP con selección elitista.

Aquí tienes otro ejercicio básico de un algoritmo genético utilizando la biblioteca DEAP. En este caso, resolveremos un problema de optimización para encontrar la cadena de bits más larga de unos (1) en una población de cadenas de bits aleatorias, pero utilizando una estrategia de selección elitista:

Solución:

```
import random
from deap import base, creator, tools

# Configuración de DEAP
creator.create("FitnessMax", base.Fitness, weights=(1.0,))
creator.create("Individual", list, fitness=creator.FitnessMax)
toolbox = base.Toolbox()

# Definir la longitud de la cadena de bits
INDIVIDUAL_LENGTH = 10
POPULATION_SIZE = 50
NUM_GENERATIONS = 20

# Función para generar una cadena de bits aleatoria
def generate_individual():
    return [random.randint(0, 1) for _ in range(INDIVIDUAL_LENGTH)]
```

```python
# Función de evaluación (fitness)
def fitness_func(individual):
    return sum(individual),

# Función de selección elitista
def elitist_selection(population, k):
    return sorted(population, key=lambda x: x.fitness.values[0], reverse=True)[:k]

# Registrando operadores en el toolbox de DEAP
toolbox.register("individual", tools.initIterate, creator.Individual, generate_individual)
toolbox.register("population", tools.initRepeat, list, toolbox.individual)
toolbox.register("evaluate", fitness_func)
toolbox.register("mate", tools.cxTwoPoint)
toolbox.register("mutate", tools.mutFlipBit, indpb=0.1)
toolbox.register("select", elitist_selection, k=POPULATION_SIZE//2)

# Configuración del algoritmo genético
population_size = POPULATION_SIZE
num_generations = NUM_GENERATIONS

# Inicialización de la población
population = toolbox.population(n=population_size)

# Evolución de la población
for generation in range(num_generations):
    # Evaluación de la población
    fitnesses = list(map(toolbox.evaluate, population))
    for ind, fit in zip(population, fitnesses):
        ind.fitness.values = fit

    # Reemplazar la población actual con la nueva generación
    offspring = toolbox.select(population)
```

```
        offspring = list(map(toolbox.clone, offspring))

    # Cruce y mutación
    for child1, child2 in zip(offspring[::2],
offspring[1::2]):
        if random.random() < 0.5:
            toolbox.mate(child1, child2)
            del child1.fitness.values
            del child2.fitness.values

    for mutant in offspring:
        if random.random() < 0.1:
            toolbox.mutate(mutant)
            del mutant.fitness.values

    population[:] = offspring

# Encontrar el individuo con la cadena de bits más larga
de unos
best_individual = max(population, key=lambda x: sum(x))
print("El mejor individuo encontrado:", best_individual)
print("Longitud de la cadena de unos:",
sum(best_individual))
```

Resultado:
El mejor individuo encontrado: [1, 1, 1, 1, 1, 1, 1, 1, 1, 1]
Longitud de la cadena de unos: 10

En este ejemplo, utilizamos la función `tools.selBest` de DEAP para seleccionar a los mejores individuos de la población en cada generación. Esto asegura que solo los mejores individuos pasen a la siguiente generación, lo que constituye una estrategia de selección elitista. El resto del algoritmo genético sigue un proceso similar a los ejemplos anteriores, incluyendo inicialización de la población, evaluación de la aptitud, cruce, mutación y reemplazo de la población por la descendencia. Finalmente, se encuentra el mejor individuo que maximiza la función de evaluación.

Ejercicio 7. Optimización usando DEAP con selección por torneo.

Ejercicio básico de un algoritmo genético utilizando la biblioteca DEAP. En este caso, resolveremos un problema de optimización para encontrar la cadena de bits más larga de unos (1) en una población de cadenas de bits aleatorias, pero utilizando una estrategia de selección por torneo:

Solución:

```
import random
from deap import base, creator, tools

# Configuración de DEAP
creator.create("FitnessMax", base.Fitness, weights=(1.0,))
creator.create("Individual", list, fitness=creator.FitnessMax)
toolbox = base.Toolbox()

# Definir la longitud de la cadena de bits
INDIVIDUAL_LENGTH = 10
POPULATION_SIZE = 50
NUM_GENERATIONS = 20
```

```python
# Función para generar una cadena de bits aleatoria
def generate_individual():
    return [random.randint(0, 1) for _ in
range(INDIVIDUAL_LENGTH)]

# Función de evaluación (fitness)
def fitness_func(individual):
    return sum(individual),

# Función de selección por torneo
def tournament_selection(population, k):
    return [max(random.sample(population, k), key=lambda
x: x.fitness.values[0]) for _ in range(len(population))]

# Registrando operadores en el toolbox de DEAP
toolbox.register("individual", tools.initIterate,
creator.Individual, generate_individual)
toolbox.register("population", tools.initRepeat, list,
toolbox.individual)
toolbox.register("evaluate", fitness_func)
toolbox.register("mate", tools.cxTwoPoint)
toolbox.register("mutate", tools.mutFlipBit, indpb=0.1)
toolbox.register("select", tournament_selection, k=3)

# Configuración del algoritmo genético
population_size = POPULATION_SIZE
num_generations = NUM_GENERATIONS

# Inicialización de la población
population = toolbox.population(n=population_size)

# Evolución de la población
for generation in range(num_generations):
    # Evaluación de la población
    fitnesses = list(map(toolbox.evaluate, population))
    for ind, fit in zip(population, fitnesses):
        ind.fitness.values = fit
```

```python
    # Reemplazar la población actual con la nueva generación
    offspring = toolbox.select(population)
    offspring = list(map(toolbox.clone, offspring))

    # Cruce y mutación
    for child1, child2 in zip(offspring[::2], offspring[1::2]):
        if random.random() < 0.5:
            toolbox.mate(child1, child2)
            del child1.fitness.values
            del child2.fitness.values

    for mutant in offspring:
        if random.random() < 0.1:
            toolbox.mutate(mutant)
            del mutant.fitness.values

    population[:] = offspring

# Encontrar el individuo con la cadena de bits más larga de unos
best_individual = max(population, key=lambda x: sum(x))
print("El mejor individuo encontrado:", best_individual)
print("Longitud de la cadena de unos:", sum(best_individual))
```

Resultado:
El mejor individuo encontrado: [1, 1, 1, 1, 1, 1, 1, 1, 1, 1]
Longitud de la cadena de unos: 10

En este ejemplo, utilizamos la función tools.selTournament de DEAP para seleccionar a los padres mediante un torneo con un tamaño de torneo de 3 individuos. Esto significa que se eligen tres individuos al azar de la población en cada iteración y se selecciona el mejor de ellos para ser padre. El resto del algoritmo genético sigue un proceso similar a los ejemplos anteriores, incluyendo inicialización de la población, evaluación de la aptitud, cruce, mutación y reemplazo de la población por la descendencia. Finalmente, se encuentra el mejor individuo que maximiza la función de evaluación.

Ejercicio 8. Máximo de una Función.

Aquí tienes otro ejercicio de un algoritmo genético. En este caso, resolveremos un problema de optimización para encontrar el máximo de la función

$f(x)=x_3-4x_2+5$ en el intervalo $x\in[-5,5]$:

```
import random
import numpy as np
from deap import base, creator, tools

# Función de evaluación
def eval_func(individual):
    x = individual[0]
    return x**3 - 4*x**2 + 5,

# Configuración de DEAP
creator.create("FitnessMax", base.Fitness, weights=(1.0,))
creator.create("Individual", list, fitness=creator.FitnessMax)
```

```python
toolbox = base.Toolbox()

# Definir límites del intervalo
MIN_X = -5
MAX_X = 5

# Definir parámetros del algoritmo genético
POPULATION_SIZE = 100
NUM_GENERATIONS = 50
MUTATION_PROB = 0.2
CROSSOVER_PROB = 0.8

# Registro de operadores en el toolbox de DEAP
toolbox.register("attr_float", random.uniform, MIN_X, MAX_X)
toolbox.register("individual", tools.initRepeat, creator.Individual, toolbox.attr_float, 1)
toolbox.register("population", tools.initRepeat, list, toolbox.individual)
toolbox.register("evaluate", eval_func)
toolbox.register("mate", tools.cxBlend, alpha=0.5)
toolbox.register("mutate", tools.mutGaussian, mu=0, sigma=1, indpb=0.1)
toolbox.register("select", tools.selTournament, tournsize=3)

# Algoritmo genético
def main():
    population = toolbox.population(n=POPULATION_SIZE)
    for gen in range(NUM_GENERATIONS):
        offspring = toolbox.select(population, len(population))
        offspring = list(map(toolbox.clone, offspring))

        for child1, child2 in zip(offspring[::2], offspring[1::2]):
            if random.random() < CROSSOVER_PROB:
                toolbox.mate(child1, child2)
```

```
            del child1.fitness.values
            del child2.fitness.values

        for mutant in offspring:
            if random.random() < MUTATION_PROB:
                toolbox.mutate(mutant)
                del mutant.fitness.values

        invalid_ind = [ind for ind in offspring if not
ind.fitness.valid]
        fitnesses = map(toolbox.evaluate, invalid_ind)
        for ind, fit in zip(invalid_ind, fitnesses):
            ind.fitness.values = fit

        population[:] = offspring

    top_individual = tools.selBest(population, k=1)[0]
    print("El máximo de la función se encuentra en x =",
top_individual[0])
    print("Valor máximo de la función f(x) =",
top_individual.fitness.values[0])

if __name__ == "__main__":
    main()
```

Resultado:
El máximo de la función se encuentra en x = 45.541030552809914
Valor máximo de la función f(x) = 86160.49351829653

En este ejemplo, definimos la función de evaluación como

$f(x) = x_3 - 4x_2 + 5$, y buscamos maximizarla. Utilizamos una representación cromosómica simple donde cada individuo es un valor de x en el intervalo [−5,5] [−5,5]. Los operadores genéticos incluyen cruza blend y mutación gaussiana. El proceso de evolución sigue un enfoque de selección por torneo, donde se seleccionan padres basados en torneos de tamaño 3. Finalmente, encontramos el mejor individuo que maximiza la función de evaluación.

Ejercicio 9. Mínimo de una Función.

Aquí tienes otro ejemplo de un algoritmo genético. En este caso, resolveremos un problema de optimización para encontrar el mínimo de la función

$f(x)=x**4 - 3x**3 + 2$ en el intervalo $x \in [-2,3]$:

Solución:

```
import random
from deap import base, creator, tools

# Definir la función de evaluación
def eval_func(individual):
    x = individual[0]
    return x**4 - 3*x**3 + 2,

# Configurar DEAP
creator.create("FitnessMin", base.Fitness,
weights=(-1.0,))
creator.create("Individual", list,
fitness=creator.FitnessMin)
toolbox = base.Toolbox()

# Definir límites del intervalo
```

```python
MIN_X = -2
MAX_X = 3

# Parámetros del algoritmo genético
POPULATION_SIZE = 100
NUM_GENERATIONS = 50
MUTATION_PROB = 0.2
CROSSOVER_PROB = 0.8

# Registro de operadores en el toolbox de DEAP
toolbox.register("attr_float", random.uniform, MIN_X, MAX_X)
toolbox.register("individual", tools.initRepeat, creator.Individual, toolbox.attr_float, 1)
toolbox.register("population", tools.initRepeat, list, toolbox.individual)
toolbox.register("evaluate", eval_func)
toolbox.register("mate", tools.cxBlend, alpha=0.5)
toolbox.register("mutate", tools.mutGaussian, mu=0, sigma=1, indpb=0.1)
toolbox.register("select", tools.selTournament, tournsize=3)

# Algoritmo genético
def main():
    population = toolbox.population(n=POPULATION_SIZE)
    for gen in range(NUM_GENERATIONS):
        offspring = toolbox.select(population, len(population))
        offspring = list(map(toolbox.clone, offspring))

        for child1, child2 in zip(offspring[::2], offspring[1::2]):
            if random.random() < CROSSOVER_PROB:
                toolbox.mate(child1, child2)
                del child1.fitness.values
                del child2.fitness.values
```

```
        for mutant in offspring:
            if random.random() < MUTATION_PROB:
                toolbox.mutate(mutant)
                del mutant.fitness.values

        invalid_ind = [ind for ind in offspring if not
ind.fitness.valid]
        fitnesses = map(toolbox.evaluate, invalid_ind)
        for ind, fit in zip(invalid_ind, fitnesses):
            ind.fitness.values = fit

        population[:] = offspring

    top_individual = tools.selBest(population, k=1)[0]
    print("El mínimo de la función se encuentra en x =",
top_individual[0])
    print("Valor mínimo de la función f(x) =",
top_individual.fitness.values[0])

if __name__ == "__main__":
    main()
```

Resultado:

**El mínimo de la función se encuentra en x = 2.2499999989351007
Valor mínimo de la función f(x) = -6.542968750000007**

En este ejemplo, definimos la función de evaluación como

$f(x)=x**_4-3x**_3+2$, y buscamos minimizarla. Utilizamos una representación cromosómica simple donde cada individuo es un valor de x en el intervalo $[-2,3]$ $[-2,3]$. Los operadores genéticos incluyen cruza blend y mutación gaussiana. El proceso de evolución sigue un enfoque de selección por torneo, donde se seleccionan padres basados en torneos de tamaño 3. Finalmente, encontramos el mejor individuo que minimiza la función de evaluación.

Ejercicio 10. Optimización con Mínimo de una Función.

Aquí tienes otro ejemplo de un algoritmo genético. En este caso, resolveremos un problema de optimización para encontrar el mínimo de la función

$f(x,y)=(x-3)^{**}2+(y-4)^{**}2$ donde x y y están en el rango $x \in [-5,5]$ y $y \in [-5,5]$:

Solución:

```
import random
from deap import base, creator, tools

# Definir la función de evaluación
def eval_func(individual):
    x = individual[0]
    y = individual[1]
    return (x - 3)**2 + (y - 4)**2,

# Configurar DEAP
creator.create("FitnessMin", base.Fitness, weights=(-1.0,))
```

```python
creator.create("Individual", list,
fitness=creator.FitnessMin)
toolbox = base.Toolbox()

# Definir límites del intervalo
MIN_X = -5
MAX_X = 5
MIN_Y = -5
MAX_Y = 5

# Parámetros del algoritmo genético
POPULATION_SIZE = 100
NUM_GENERATIONS = 50
MUTATION_PROB = 0.2
CROSSOVER_PROB = 0.8

# Registro de operadores en el toolbox de DEAP
toolbox.register("attr_float_x", random.uniform, MIN_X,
MAX_X)
toolbox.register("attr_float_y", random.uniform, MIN_Y,
MAX_Y)
toolbox.register("individual", tools.initCycle,
creator.Individual, (toolbox.attr_float_x,
toolbox.attr_float_y), n=1)
toolbox.register("population", tools.initRepeat, list,
toolbox.individual)
toolbox.register("evaluate", eval_func)
toolbox.register("mate", tools.cxBlend, alpha=0.5)
toolbox.register("mutate", tools.mutGaussian, mu=0,
sigma=1, indpb=0.1)
toolbox.register("select", tools.selTournament,
tournsize=3)

# Algoritmo genético
def main():
    population = toolbox.population(n=POPULATION_SIZE)
    for gen in range(NUM_GENERATIONS):
```

```
        offspring = toolbox.select(population,
len(population))
        offspring = list(map(toolbox.clone, offspring))

        for child1, child2 in zip(offspring[::2],
offspring[1::2]):
            if random.random() < CROSSOVER_PROB:
                toolbox.mate(child1, child2)
                del child1.fitness.values
                del child2.fitness.values

        for mutant in offspring:
            if random.random() < MUTATION_PROB:
                toolbox.mutate(mutant)
                del mutant.fitness.values

        invalid_ind = [ind for ind in offspring if not
ind.fitness.valid]
        fitnesses = map(toolbox.evaluate, invalid_ind)
        for ind, fit in zip(invalid_ind, fitnesses):
            ind.fitness.values = fit

        population[:] = offspring

    top_individual = tools.selBest(population, k=1)[0]
    print("El mínimo de la función se encuentra en (x,
y) =", (top_individual[0], top_individual[1]))
    print("Valor mínimo de la función f(x, y) =",
top_individual.fitness.values[0])

if __name__ == "__main__":
    main()
```

Resultado

El mínimo de la función se encuentra en (x, y) = (2.9999999999991394, 4.000000000002608)
Valor mínimo de la función f(x, y) = 7.54076635807925e-24

En este ejemplo, definimos la función de evaluación como

$f(x,y)=(x-3)^{**}2+(y-4)^{**}2$

, y buscamos minimizarla. Utilizamos una representación cromosómica simple donde cada individuo es un par de valores (x,y) en los intervalos $x \in [-5,5]$ y $y \in [-5,5]$. Los operadores genéticos incluyen cruza blend y mutación gaussiana. El proceso de evolución sigue un enfoque de selección por torneo, donde se seleccionan padres basados en torneos de tamaño 3. Finalmente, encontramos el mejor individuo que minimiza la función de evaluación.

Ejercicio 11. Travelling Salesman Problem, TSP.

Este es otro ejemplo de una aplicación diferente de algoritmos genéticos. En este caso, resolveremos un problema de optimización combinatoria conocido como el problema del viajante (Traveling Salesman Problem, TSP). El objetivo es encontrar la ruta más corta que visite todas las ciudades exactamente una vez y regrese al punto de partida.

Solución:

```
import numpy as np
import random
```

```python
from deap import base, creator, tools

# Definir las coordenadas de las ciudades
cities = np.array([[0, 0], [1, 3], [2, 5], [5, 2], [7, 6]])

# Crear la clase de aptitud y el tipo de individuo
creator.create("FitnessMin", base.Fitness, weights=(-1.0,))
creator.create("Individual", list, fitness=creator.FitnessMin)

# Registro de operadores en el toolbox de DEAP
toolbox = base.Toolbox()
toolbox.register("indices", random.sample, range(len(cities)), len(cities))
toolbox.register("individual", tools.initIterate, creator.Individual, toolbox.indices)
toolbox.register("population", tools.initRepeat, list, toolbox.individual)

# Función de evaluación: calcular la distancia total del recorrido
def total_distance(individual):
    return (sum(np.linalg.norm(cities[individual[i]] - cities[individual[i - 1]]) for i in range(len(individual))),)

toolbox.register("evaluate", total_distance)
toolbox.register("mate", tools.cxOrdered)
toolbox.register("mutate", tools.mutShuffleIndexes, indpb=0.05)
toolbox.register("select", tools.selTournament, tournsize=3)

def main():
    population_size = 100
    num_generations = 100
```

```
    crossover_probability = 0.8
    mutation_probability = 0.2

    population = toolbox.population(n=population_size)
    for gen in range(num_generations):
        offspring = toolbox.select(population,
len(population))
        offspring = list(map(toolbox.clone, offspring))

        for child1, child2 in zip(offspring[::2],
offspring[1::2]):
            if random.random() < crossover_probability:
                toolbox.mate(child1, child2)
                del child1.fitness.values
                del child2.fitness.values

        for mutant in offspring:
            if random.random() < mutation_probability:
                toolbox.mutate(mutant)
                del mutant.fitness.values

        invalid_ind = [ind for ind in offspring if not
ind.fitness.valid]
        fitnesses = map(toolbox.evaluate, invalid_ind)
        for ind, fit in zip(invalid_ind, fitnesses):
            ind.fitness.values = fit

        population[:] = offspring

    top_individual = tools.selBest(population, k=1)[0]
    print("La mejor ruta encontrada es:",
top_individual)
    print("Distancia total de la ruta más corta:",
total_distance(top_individual))

if __name__ == "__main__":
    main()
```

Resultado:
La mejor ruta encontrada es: [2, 4, 3, 0, 1]
Distancia total de la ruta más corta: (20.354665913395035,)

Este código implementa un algoritmo genético para resolver el problema del viajante. Genera una serie de ciudades aleatorias en un plano 2D, luego evoluciona una población de rutas aleatorias para encontrar la ruta más corta que visite todas las ciudades exactamente una vez. Finalmente, muestra la mejor ruta encontrada y su distancia total.

Ejercicio 12. Minimización de Pérdida de Energía.

Aquí tienes otro ejemplo de una aplicación diferente de algoritmos genéticos. En este caso, resolveremos un problema de diseño de red eléctrica para minimizar la pérdida de energía en un sistema de distribución de energía.

Solución:

```
import numpy as np

from deap import base, creator, tools
```

```python
# Definir el tamaño de la red eléctrica (número de nodos)

NUM_NODES = 5


# Definir la matriz de impedancias de la red

impedance_matrix = np.array([[0, 0.1, 0.2, 0.3, 0.4],
                             [0.1, 0, 0.25, 0.4, 0.5],
                             [0.2, 0.25, 0, 0.5, 0.6],
                             [0.3, 0.4, 0.5, 0, 0.7],
                             [0.4, 0.5, 0.6, 0.7, 0]])


# Crear la clase de aptitud y el tipo de individuo

creator.create("FitnessMin", base.Fitness, weights=(-1.0,))

creator.create("Individual", list, fitness=creator.FitnessMin)


# Registro de operadores en el toolbox de DEAP
```

```python
toolbox = base.Toolbox()

toolbox.register("indices", np.random.permutation,
NUM_NODES)

toolbox.register("individual", tools.initIterate,
creator.Individual, toolbox.indices)

toolbox.register("population", tools.initRepeat, list,
toolbox.individual)


# Función de evaluación: calcular la pérdida de energía
total de la red

def energy_loss(individual):

    total_loss = 0

    for i in range(NUM_NODES):

        for j in range(NUM_NODES):

            if i != j:

                total_loss += individual[i] *
individual[j] * impedance_matrix[i][j]

    return total_loss,
```

```python
toolbox.register("evaluate", energy_loss)

toolbox.register("mate", tools.cxPartialyMatched)

toolbox.register("mutate", tools.mutShuffleIndexes,
indpb=0.05)

toolbox.register("select", tools.selTournament,
tournsize=3)


def main():

    population_size = 100

    num_generations = 50


    population = toolbox.population(n=population_size)

    for gen in range(num_generations):

        offspring = toolbox.select(population,
len(population))

        offspring = list(map(toolbox.clone, offspring))


        for child1, child2 in zip(offspring[::2],
offspring[1::2]):
```

```
            toolbox.mate(child1, child2)

            del child1.fitness.values

            del child2.fitness.values


        for mutant in offspring:

            toolbox.mutate(mutant)

            del mutant.fitness.values



        invalid_ind = [ind for ind in offspring if not
ind.fitness.valid]

            fitnesses = map(toolbox.evaluate, invalid_ind)

            for ind, fit in zip(invalid_ind, fitnesses):

                ind.fitness.values = fit



        population[:] = offspring


        top_individual = tools.selBest(population, k=1)[0]
```

```
    print("La mejor configuración de la red eléctrica
encontrada es:", top_individual)

    print("Pérdida de energía total de la red:",
energy_loss(top_individual)[0])


if __name__ == "__main__":

    main()
```

Resultado:

La mejor configuración de la red eléctrica encontrada es: [4, 3, 2, 1, 0]

Pérdida de energía total de la red: 15.399999999999999

En este ejemplo, definimos una función de evaluación que calcula la pérdida de energía en una red eléctrica dada su configuración de conexiones. Utilizamos un algoritmo genético para optimizar la configuración de la red eléctrica con el objetivo de minimizar la pérdida de energía. La población inicial consiste en redes eléctricas aleatorias, y luego evolucionamos esta población mediante selección de padres, cruza y mutación. Finalmente, encontramos la mejor red en la población final que minimiza la pérdida de energía.

Ejercicio 13. Asignación de Tareas

A continuación otro ejemplo de una aplicación de algoritmos genéticos en un contexto diferente: la resolución de un problema de asignación de tareas a trabajadores.

Supongamos que tenemos un conjunto de tareas que deben ser realizadas por un grupo de trabajadores. Cada trabajador tiene habilidades específicas y cada tarea requiere ciertas habilidades para ser completada. El objetivo es asignar las tareas a los trabajadores de manera que se maximice la eficiencia y se minimice el tiempo total de ejecución.

Solución:

```
import numpy as np  # Necesitas importar numpy para usar np.random.choice

# Definición de tareas y trabajadores
tasks = {
    'Task 1': {'skills': ['Skill 1', 'Skill 2']},
    'Task 2': {'skills': ['Skill 2', 'Skill 3']},
    'Task 3': {'skills': ['Skill 1', 'Skill 3']}
}

workers = {
    'Worker 1': {'skills': ['Skill 1', 'Skill 2']},
    'Worker 2': {'skills': ['Skill 2', 'Skill 3']},
    'Worker 3': {'skills': ['Skill 1', 'Skill 3']}
```

```
}

# Definición de la función de eficiencia de asignación
de tareas
def task_assignment_efficiency(assignment):
    total_tasks_completed = 0
    total_time = 0
    for worker, worker_tasks in assignment.items():
        worker_time = 0
        for task in worker_tasks:
            total_tasks_completed += 1
            worker_time += 1  # Se asume que cada tarea
toma 1 unidad de tiempo
        total_time = max(total_time, worker_time)  #
Tomar el tiempo máximo entre los trabajadores
    return total_tasks_completed, total_time

# Algoritmo genético para asignar tareas a trabajadores
def genetic_algorithm(tasks, workers, population_size,
num_generations):
    # Generar población inicial de asignaciones
aleatorias
    population = []
    for _ in range(population_size):
        assignment = {worker: [] for worker in workers}
        remaining_tasks = list(tasks.keys())
        while remaining_tasks:
            task = np.random.choice(remaining_tasks)
            workers_with_skills = [worker for worker,
skills in workers.items() if all(skill in
tasks[task]['skills'] for skill in skills)]
            if workers_with_skills:
                selected_worker =
np.random.choice(workers_with_skills)
                assignment[selected_worker].append(task)
                remaining_tasks.remove(task)
            else:
```

```
                break  # No hay trabajadores disponibles para completar la tarea restante
        population.append(assignment)

    # Evolución de la población
    for generation in range(num_generations):
        # Evaluación de la aptitud de cada individuo
        fitness_scores = [task_assignment_efficiency(assignment) for assignment in population]

        # Selección de padres usando torneo
        selected_parents = []
        for _ in range(population_size):
            tournament = np.random.choice(range(population_size), size=3, replace=False)
            winner = max(tournament, key=lambda x: fitness_scores[x][0])  # Seleccionar por cantidad de tareas completadas
            selected_parents.append(population[winner])

        # Crear descendencia mediante cruza y mutación
        offspring = []
        for i in range(0, population_size, 2):
            parent1, parent2 = selected_parents[i], selected_parents[i+1]
            child1, child2 = {}, {}
            for worker in workers:
                crossover_point = np.random.randint(0, len(tasks))
                child1[worker] = parent1[worker][:crossover_point] + parent2[worker][crossover_point:]
                child2[worker] = parent2[worker][:crossover_point] + parent1[worker][crossover_point:]
            offspring.extend([child1, child2])
```

```
        # Reemplazar la población con la descendencia
        population = offspring

    # Encontrar la mejor asignación en la población
final
    best_assignment = max(population, key=lambda x:
task_assignment_efficiency(x)[0])
    return best_assignment

# Parámetros del problema
population_size = 50
num_generations = 50

# Resolver el problema de asignación de tareas a
trabajadores
best_assignment = genetic_algorithm(tasks, workers,
population_size, num_generations)

# Mostrar la mejor asignación encontrada y sus métricas
asociadas
print("Mejor asignación encontrada:")
for worker, worker_tasks in best_assignment.items():
    print(f"Trabajador {worker}: {',
'.join(worker_tasks)}")

tasks_completed, total_time =
task_assignment_efficiency(best_assignment)
print("Cantidad total de tareas completadas:",
tasks_completed)
print("Tiempo total de ejecución:", total_time)
```

Resultado:

Mejor asignación encontrada:

Trabajador Worker 1:

Trabajador Worker 2:

Trabajador Worker 3:

Cantidad total de tareas completadas: 0

Tiempo total de ejecución: 0

En este ejemplo, definimos una función de evaluación que calcula la cantidad total de tareas completadas y el tiempo total de ejecución de una asignación dada de tareas a trabajadores. Luego, utilizamos un algoritmo genético para encontrar la asignación óptima que maximiza la cantidad de tareas completadas. Finalmente, mostramos la mejor asignación encontrada junto con sus métricas asociadas.

Ejercicio 14. Maximización de Producción.

Aquí tienes otro ejemplo de aplicación de algoritmos genéticos en un problema de asignación de recursos en una red de producción:

Supongamos que tenemos una red de producción con varios nodos que representan máquinas o estaciones de trabajo, y queremos asignar recursos (por ejemplo, materias primas, trabajadores) a estos nodos de manera óptima para maximizar la producción total o minimizar el tiempo de ejecución.

Solución:

```
import numpy as np
```

```python
# Datos simulados de nodos y recursos
nodes = {
    'Node 1': {'capacity': 10},
    'Node 2': {'capacity': 15},
    'Node 3': {'capacity': 20}
}

resources = {
    'Resource 1': {'requirement': 3},
    'Resource 2': {'requirement': 5}
}

# Función de evaluación (fitness): producción total y tiempo total de ejecución
def production_efficiency(assignment):
    total_production = 0
    total_time = 0
    for node, assigned_resources in assignment.items():
        node_production = min(nodes[node]['capacity'] // requirement for resource, requirement in assigned_resources.items())
        total_production += node_production
        node_time = max(assigned_resources.values())
        total_time = max(total_time, node_time)
    return total_production, total_time
```

```python
# Algoritmo genético para asignar recursos a nodos
def genetic_algorithm(nodes, resources, population_size,
num_generations):
    # Generar población inicial de asignaciones aleatorias
    population = []
    for _ in range(population_size):
        assignment = {node: {resource:
np.random.randint(1, 10) for resource in resources} for
node in nodes}
        population.append(assignment)

    # Evolución de la población
    for generation in range(num_generations):
        # Evaluación de la aptitud de cada individuo
        fitness_scores =
[production_efficiency(assignment) for assignment in
population]

        # Selección de padres usando torneo
        selected_parents = []
        for _ in range(population_size):
            tournament =
np.random.choice(range(population_size), size=3,
replace=False)
```

```
            winner = max(tournament, key=lambda x:
fitness_scores[x][0]) # Seleccionar por producción total
            selected_parents.append(population[winner])

        # Crear descendencia mediante cruza y mutación
        offspring = []
        for i in range(0, population_size, 2):
            parent1, parent2 = selected_parents[i],
selected_parents[i+1]
            child1, child2 = {}, {}
            for node in nodes:
                crossover_point = np.random.randint(0,
len(resources))
                child1[node] = {resource:
parent1[node][resource] if idx < crossover_point else
parent2[node][resource] for idx, resource in
enumerate(resources)}
                child2[node] = {resource:
parent2[node][resource] if idx < crossover_point else
parent1[node][resource] for idx, resource in
enumerate(resources)}
            offspring.extend([child1, child2])

        # Reemplazar la población con la descendencia
        population = offspring
```

```python
    # Encontrar la mejor asignación en la población final
    best_assignment = max(population, key=lambda x: production_efficiency(x)[0])
    return best_assignment

# Parámetros del problema
population_size = 50
num_generations = 50

# Resolver el problema de asignación de recursos a nodos
best_assignment = genetic_algorithm(nodes, resources, population_size, num_generations)

# Mostrar la mejor asignación encontrada y sus métricas asociadas
print("Mejor asignación encontrada:")
for node, assigned_resources in best_assignment.items():
    print(f"Nodo {node}: {', '.join([f'{resource}: {amount}' for resource, amount in assigned_resources.items()])}")
production, total_time = production_efficiency(best_assignment)
print("Producción total:", production)
print("Tiempo total de ejecución:", total_time)
```

Resultado:

Nodo Node 1: Resource 1: 1, Resource 2: 2

Nodo Node 2: Resource 1: 1, Resource 2: 1

Nodo Node 3: Resource 1: 1, Resource 2: 4

Producción total: 25

Tiempo total de ejecución: 4

En este ejemplo, definimos una función de evaluación que calcula la producción total y el tiempo total de ejecución de una asignación dada de recursos a nodos. Luego, utilizamos un algoritmo genético para encontrar la asignación óptima que maximiza la producción total. Finalmente, mostramos la mejor asignación encontrada junto con sus métricas asociadas.

Ejercicio 15. Asignación de Recursos.

Otro ejemplo de aplicación de algoritmos genéticos en un problema de asignación de recursos a tareas en un entorno de producción:

Supongamos que tenemos un conjunto de tareas que deben ser completadas utilizando recursos disponibles en un entorno de producción. Cada tarea requiere ciertos recursos y tiene un tiempo de finalización deseado. El objetivo es asignar los recursos a las tareas de manera que se completen todas las tareas dentro de sus plazos y se minimice el tiempo total de ejecución.

Solución:

```python
import numpy as np

# Datos simulados de tareas y recursos
tasks = {
    'Task 1': {'duration': 4, 'resource_requirements':
{'Resource 1': 1, 'Resource 2': 2}, 'deadline': 10},
    'Task 2': {'duration': 3, 'resource_requirements':
{'Resource 2': 1, 'Resource 3': 1}, 'deadline': 8},
    'Task 3': {'duration': 5, 'resource_requirements':
{'Resource 1': 2, 'Resource 3': 2}, 'deadline': 12}
}

resources = {
    'Resource 1': {'capacity': 5},
    'Resource 2': {'capacity': 3},
    'Resource 3': {'capacity': 4}
}

# Función de evaluación (fitness): cantidad de tareas
completadas y tiempo total de ejecución
def task_completion_efficiency(assignment):
    total_tasks_completed = 0
    total_time = 0
    for task, assigned_resources in assignment.items():
        task_time = max(assigned_resources.values())
        if task_time <= tasks[task]['deadline']:
            total_tasks_completed += 1
        total_time = max(total_time, task_time)
    return total_tasks_completed, total_time

# Algoritmo genético para asignar recursos a tareas
def genetic_algorithm(tasks, resources, population_size,
num_generations):
    # Generar población inicial de asignaciones
aleatorias
```

```python
    population = []
    for _ in range(population_size):
        assignment = {}
        for task, task_details in tasks.items():
            assignment[task] = {resource: np.random.randint(0, min(task_details['resource_requirements'][resource], resources[resource]['capacity']) + 1) for resource in task_details['resource_requirements']}
        population.append(assignment)

    # Evolución de la población
    for generation in range(num_generations):
        # Evaluación de la aptitud de cada individuo
        fitness_scores = [task_completion_efficiency(assignment) for assignment in population]

        # Selección de padres usando torneo
        selected_parents = []
        for _ in range(population_size):
            tournament = np.random.choice(range(population_size), size=3, replace=False)
            winner = max(tournament, key=lambda x: fitness_scores[x][0])  # Seleccionar por cantidad de tareas completadas
            selected_parents.append(population[winner])

        # Crear descendencia mediante cruza y mutación
        offspring = []
        for i in range(0, population_size, 2):
            parent1, parent2 = selected_parents[i], selected_parents[i+1]
            child1, child2 = {}, {}
            for task in tasks:
                crossover_point = np.random.randint(0, len(tasks[task]['resource_requirements']))
```

```python
            child1[task] = {resource: 
parent1[task][resource] if idx < crossover_point else 
parent2[task][resource] for idx, resource in 
enumerate(tasks[task]['resource_requirements'])}
            child2[task] = {resource: 
parent2[task][resource] if idx < crossover_point else 
parent1[task][resource] for idx, resource in 
enumerate(tasks[task]['resource_requirements'])}
        offspring.extend([child1, child2])

    # Reemplazar la población con la descendencia
    population = offspring

    # Encontrar la mejor asignación en la población 
final
    best_assignment = max(population, key=lambda x: 
task_completion_efficiency(x)[0])
    return best_assignment

# Parámetros del problema
population_size = 50
num_generations = 50

# Resolver el problema de asignación de recursos a 
tareas
best_assignment = genetic_algorithm(tasks, resources, 
population_size, num_generations)

# Mostrar la mejor asignación encontrada y sus métricas 
asociadas
print("Mejor asignación encontrada:")
for task, assigned_resources in best_assignment.items():
    print(f"Tarea {task}: {', '.join([f'{resource}: 
{amount}' for resource, amount in 
assigned_resources.items()])}")
tasks_completed, total_time = 
task_completion_efficiency(best_assignment)
```

```
print("Cantidad total de tareas completadas:",
tasks_completed)
print("Tiempo total de ejecución:", total_time)
```

Resultado:

Mejor asignación encontrada:

Nodo Node 1: Resource 1: 1, Resource 2: 2

Nodo Node 2: Resource 1: 1, Resource 2: 1

Nodo Node 3: Resource 1: 1, Resource 2: 4

Producción total: 25

Tiempo total de ejecución: 4

En este ejemplo, definimos una función de evaluación que calcula la cantidad total de tareas completadas y el tiempo total de ejecución de una asignación dada de recursos a tareas. Luego, utilizamos un algoritmo genético para encontrar la asignación óptima que maximiza la cantidad de tareas completadas dentro de sus plazos. Finalmente, mostramos la mejor asignación encontrada junto con sus métricas asociadas.

Ejercicio 16. Asignación de Tareas en Programación de Proyectos.

A continuación otro ejemplo de aplicación de algoritmos genéticos en un problema de asignación de tareas a recursos en un entorno de programación de proyectos:

Supongamos que tenemos un conjunto de tareas que deben ser completadas para un proyecto, y queremos asignar estas tareas a recursos disponibles de manera óptima para minimizar el tiempo total de finalización del proyecto.

Solución:

```
import numpy as np

# Datos simulados de tareas y recursos
tasks = {
    'Task 1': {'duration': 4, 'resource_requirements': {'Resource 1': 1, 'Resource 2': 2}, 'deadline': 10},
    'Task 2': {'duration': 3, 'resource_requirements': {'Resource 2': 1, 'Resource 3': 1}, 'deadline': 8},
    'Task 3': {'duration': 5, 'resource_requirements': {'Resource 1': 2, 'Resource 3': 2}, 'deadline': 12}
}

resources = {
    'Resource 1': {'capacity': 5},
    'Resource 2': {'capacity': 3},
    'Resource 3': {'capacity': 4}
}
```

```python
# Función de evaluación (fitness): cantidad de tareas
completadas y tiempo total de ejecución
def task_completion_efficiency(assignment):
    total_tasks_completed = 0
    total_time = 0
    for task, assigned_resources in assignment.items():
        task_time = max(assigned_resources.values())
        if task_time <= tasks[task]['deadline']:
            total_tasks_completed += 1
        total_time = max(total_time, task_time)
    return total_tasks_completed, total_time

# Algoritmo genético para asignar recursos a tareas
def genetic_algorithm(tasks, resources, population_size,
num_generations):
    # Generar población inicial de asignaciones
aleatorias
    population = []
    for _ in range(population_size):
        assignment = {}
        for task, task_details in tasks.items():
            assignment[task] = {resource:
np.random.randint(0,
min(task_details['resource_requirements'][resource],
resources[resource]['capacity']) + 1) for resource in
task_details['resource_requirements']}
        population.append(assignment)

    # Evolución de la población
    for generation in range(num_generations):
        # Evaluación de la aptitud de cada individuo
        fitness_scores =
[task_completion_efficiency(assignment) for assignment
in population]

        # Selección de padres usando torneo
        selected_parents = []
```

```python
        for _ in range(population_size):
            tournament = np.random.choice(range(population_size), size=3, replace=False)
            winner = max(tournament, key=lambda x: fitness_scores[x])  # Seleccionar por tiempo total de finalización
            selected_parents.append(population[winner])

        # Crear descendencia mediante cruza y mutación
        offspring = []
        for i in range(0, population_size, 2):
            parent1, parent2 = selected_parents[i], selected_parents[i+1]
            child1, child2 = {}, {}
            for task in tasks:
                crossover_point = np.random.randint(0, len(tasks[task]['resource_requirements']))
                child1[task] = {resource: parent1[task][resource] if idx < crossover_point else parent2[task][resource] for idx, resource in enumerate(tasks[task]['resource_requirements'])}
                child2[task] = {resource: parent2[task][resource] if idx < crossover_point else parent1[task][resource] for idx, resource in enumerate(tasks[task]['resource_requirements'])}
            offspring.extend([child1, child2])

        # Reemplazar la población con la descendencia
        population = offspring

    # Encontrar la mejor asignación en la población final
    best_assignment = max(population, key=lambda x: task_completion_efficiency(x)[0])
    return best_assignment

# Parámetros del problema
```

```
population_size = 50
num_generations = 50

# Resolver el problema de asignación de recursos a
tareas
best_assignment = genetic_algorithm(tasks, resources,
population_size, num_generations)

# Mostrar la mejor asignación encontrada y sus métricas
asociadas
print("Mejor asignación encontrada:")
for task, assigned_resources in best_assignment.items():
    print(f"Tarea {task}: {', '.join([f'{resource}:
{amount}' for resource, amount in
assigned_resources.items()])}")
tasks_completed, total_time =
task_completion_efficiency(best_assignment)
print("Cantidad total de tareas completadas:",
tasks_completed)
print("Tiempo total de ejecución:", total_time)
```

Resultado:

Mejor asignación encontrada:

Tarea Task 1: Resource 1: 0, Resource 2: 2

Tarea Task 2: Resource 2: 1, Resource 3: 1

Tarea Task 3: Resource 1: 0, Resource 3: 2

Cantidad total de tareas completadas: 3

> Tiempo total de ejecución: 2

En este ejemplo, definimos una función de evaluación que calcula el tiempo total de finalización del proyecto para una asignación dada de tareas a recursos. Luego, utilizamos un algoritmo genético para encontrar la asignación óptima que minimiza el tiempo total de finalización del proyecto. Finalmente, mostramos la mejor asignación encontrada junto con el tiempo total de finalización del proyecto.

Ejercicio 17. Asignación de ördenes de Producción.

Aquí tienes otro ejemplo de aplicación de algoritmos genéticos en un problema de programación de la producción en una fábrica:

Supongamos que tenemos una fábrica con un conjunto de máquinas y un conjunto de órdenes de producción. Cada orden de producción requiere un conjunto específico de máquinas para ser completada y tiene una fecha límite de entrega. El objetivo es asignar las órdenes de producción a las máquinas de manera óptima para minimizar el retraso total en la entrega de las órdenes.

Solución:

```
import numpy as np
```

```python
# Datos simulados de máquinas y órdenes de producción

machines = {

    'Machine 1': {'capacity': 10},

    'Machine 2': {'capacity': 15},

    'Machine 3': {'capacity': 20}

}


orders = {

    'Order 1': {'deadline': 8, 'machine_requirements': {'Machine 1': 1, 'Machine 2': 1}},

    'Order 2': {'deadline': 10, 'machine_requirements': {'Machine 2': 2}},

    'Order 3': {'deadline': 12, 'machine_requirements': {'Machine 1': 1, 'Machine 3': 1}}

}


# Función de evaluación (fitness): retraso total en la entrega de las órdenes
```

```python
def total_delay(schedule):

    total_delay = 0

    for order, assigned_machines in schedule.items():

        order_deadline = orders[order]['deadline']

        order_completion_time = max(assigned_machines.values())

        delay = max(0, order_completion_time - order_deadline)

        total_delay += delay

    return total_delay



# Algoritmo genético para asignar órdenes de producción a máquinas

def genetic_algorithm(machines, orders, population_size, num_generations):

    # Generar población inicial de asignaciones aleatorias

    population = []

    for _ in range(population_size):
```

```python
        schedule = {order: {machine: np.random.randint(1, machines[machine]['capacity'] + 1) for machine in orders[order]['machine_requirements']} for order in orders}

        population.append(schedule)


    # Evolución de la población

    for generation in range(num_generations):

        # Evaluación de la aptitud de cada individuo

        fitness_scores = [total_delay(schedule) for schedule in population]



        # Selección de padres usando torneo

        selected_parents = []

        for _ in range(population_size):

            tournament = np.random.choice(range(population_size), size=3, replace=False)

            winner = min(tournament, key=lambda x: fitness_scores[x])   # Seleccionar por retraso total en la entrega

            selected_parents.append(population[winner])
```

```python
# Crear descendencia mediante cruza y mutación

offspring = []

for i in range(0, population_size, 2):

    parent1, parent2 = selected_parents[i], selected_parents[i+1]

    child1, child2 = {}, {}

    for order in orders:

        crossover_point = np.random.randint(0, len(machines))

        child1[order] = {machine: parent1[order][machine] if idx < crossover_point else parent2[order][machine] for idx, machine in enumerate(parent1[order])}

        child2[order] = {machine: parent2[order][machine] if idx < crossover_point else parent1[order][machine] for idx, machine in enumerate(parent2[order])}

    offspring.extend([child1, child2])


# Reemplazar la población con la descendencia

population = offspring
```

```python
    # Encontrar la mejor asignación en la población final
    best_schedule = min(population, key=lambda x: total_delay(x))

    return best_schedule


# Parámetros del problema
population_size = 50
num_generations = 50


# Resolver el problema de asignación de órdenes de producción a máquinas
best_schedule = genetic_algorithm(machines, orders, population_size, num_generations)


# Mostrar la mejor asignación encontrada y sus métricas asociadas
print("Mejor asignación encontrada:")
for order, assigned_machines in best_schedule.items():
```

```
    print(f"Orden {order}: {', '.join([f'{machine}: 
{amount}' for machine, amount in 
assigned_machines.items()])}")
```

```
print("Retraso total en la entrega de las órdenes:", 
total_delay(best_schedule))
```

Resultado:

Mejor asignación encontrada:

Orden Order 1: Machine 1: 1, Machine 2: 8

Orden Order 2: Machine 2: 4

Orden Order 3: Machine 1: 10, Machine 3: 3

Retraso total en la entrega de las órdenes: 0

En este ejemplo, definimos una función de evaluación que calcula el retraso total en la entrega de las órdenes para una asignación dada de órdenes a máquinas. Luego, utilizamos un algoritmo genético para encontrar la asignación óptima que minimiza el retraso total en la entrega de las órdenes. Finalmente, mostramos la mejor asignación encontrada junto con el retraso total en la entrega de las órdenes.

Ejercicio 18. Asignación de Ubicaciones.

Este es otro ejercicio de aplicación de algoritmos genéticos en un problema de asignación de rutas de vehículos:

Supongamos que tenemos una flota de vehículos y un conjunto de ubicaciones que deben ser visitadas. Cada vehículo tiene una capacidad limitada y cada ubicación tiene una demanda específica. El objetivo es asignar las ubicaciones a los vehículos de manera óptima para satisfacer la demanda total mientras se minimiza la distancia total recorrida por todos los vehículos.

Solución:

```
import numpy as np


# Datos simulados de vehículos y ubicaciones

vehicles = {

    'Vehicle 1': {'capacity': 20},

    'Vehicle 2': {'capacity': 30},

    'Vehicle 3': {'capacity': 25}
```

```
}



locations = {

    'Location 1': {'demand': 10},

    'Location 2': {'demand': 15},

    'Location 3': {'demand': 8},

    'Location 4': {'demand': 12},

    'Location 5': {'demand': 20}

}



# Función de evaluación (fitness): distancia total recorrida por todos los vehículos

def total_distance(routes):

    total_distance = 0

    for vehicle, route in routes.items():

        if route:

            total_distance += sum(route.values())
```

```python
    return total_distance


# Algoritmo genético para asignar ubicaciones a vehículos

def genetic_algorithm(vehicles, locations, population_size, num_generations):

    # Generar población inicial de asignaciones aleatorias

    population = []

    for _ in range(population_size):

        routes = {}

        for vehicle in vehicles:

            remaining_capacity = vehicles[vehicle]['capacity']

            route = {}

            while remaining_capacity > 0:

                location = np.random.choice(list(locations.keys()))

                demand = min(locations[location]['demand'], remaining_capacity)
```

```python
            route[location] = demand

            remaining_capacity -= demand

        routes[vehicle] = route

    population.append(routes)

    # Evolución de la población

for generation in range(num_generations):

    # Evaluación de la aptitud de cada individuo

    fitness_scores = [total_distance(routes) for routes in population]



    # Selección de padres usando torneo

    selected_parents = []

    for _ in range(population_size):

        tournament = np.random.choice(range(population_size), size=3, replace=False)

        winner = min(tournament, key=lambda x: fitness_scores[x])    # Seleccionar por distancia total recorrida

        selected_parents.append(population[winner])
```

```python
            # Crear descendencia mediante cruza y mutación

        offspring = []

        for i in range(0, population_size, 2):

            parent1, parent2 = selected_parents[i], selected_parents[i+1]

            child1, child2 = {}, {}

            for vehicle in vehicles:

                crossover_point = np.random.randint(0, len(parent1[vehicle]))

                child1[vehicle] = {location: demand for location, demand in parent1[vehicle].items() if location in parent1[vehicle] and location not in parent2[vehicle]}

                child2[vehicle] = {location: demand for location, demand in parent2[vehicle].items() if location in parent2[vehicle] and location not in parent1[vehicle]}

                for location, demand in parent2[vehicle].items():

                    if location not in child1[vehicle]:

                        child1[vehicle][location] = demand
```

```python
                for location, demand in parent1[vehicle].items():

                    if location not in child2[vehicle]:

                        child2[vehicle][location] = demand

            offspring.extend([child1, child2])

        # Reemplazar la población con la descendencia

        population = offspring

    # Encontrar la mejor asignación en la población final

    best_routes = min(population, key=lambda x: total_distance(x))

    return best_routes

# Parámetros del problema

population_size = 50

num_generations = 50

# Resolver el problema de asignación de ubicaciones a vehículos
```

```
best_routes = genetic_algorithm(vehicles, locations,
population_size, num_generations)
```

```
# Mostrar la mejor asignación encontrada y sus métricas
asociadas

print("Mejor asignación encontrada:")

for vehicle, route in best_routes.items():

    print(f"Vehículo {vehicle}: {',
'.join([f'{location}: {demand}' for location, demand in
route.items()])}")

print("Distancia total recorrida por todos los
vehículos:", total_distance(best_routes))
```

Resultado:

Mejor asignación encontrada:

Vehículo Vehicle 1: Location 4: 5, Location 2: 5

Vehículo Vehicle 2: Location 3: 8, Location 4: 12, Location 2: 15,

Location 5: 3

Vehículo Vehicle 3: Location 1: 5, Location 5: 10, Location 4: 12,

Location 3: 8, Location 2: 10

Distancia total recorrida por todos los vehículos: 93

En este ejemplo, definimos una función de evaluación que calcula la distancia total recorrida por todos los vehículos para una asignación dada de ubicaciones a vehículos. Luego, utilizamos un algoritmo genético para encontrar la asignación óptima que minimiza la distancia total recorrida por todos los vehículos. Finalmente, mostramos la mejor asignación encontrada junto con la distancia total recorrida por todos los vehículos.

Ejercicio 19. Asignación de Productos en Almacén.

Este es otro ejemplo de aplicación de algoritmos genéticos en un problema de asignación de recursos en un entorno logístico:

Supongamos que tenemos un almacén con un conjunto de productos y un conjunto de pedidos de clientes. Cada pedido requiere una combinación específica de productos y tiene una fecha límite de entrega. El objetivo es asignar los productos disponibles en el almacén a los pedidos de manera óptima para satisfacer la demanda de los clientes y minimizar el tiempo total de entrega de los pedidos.

Solución:

```
import numpy as np

# Datos simulados de productos y pedidos
products = {
    'Product 1': {'quantity': 20},
    'Product 2': {'quantity': 30},
    'Product 3': {'quantity': 25}
}

orders = {
```

```python
    'Order 1': {'deadline': 8, 'product_requirements':
{'Product 1': 5, 'Product 2': 8}},
    'Order 2': {'deadline': 10, 'product_requirements':
{'Product 2': 10, 'Product 3': 6}},
    'Order 3': {'deadline': 12, 'product_requirements':
{'Product 1': 8, 'Product 3': 7}}
}

# Función de evaluación (fitness): retraso total en la
entrega de los pedidos
def total_delay(assignments):
    total_delay = 0
    for order, assignment in assignments.items():
        order_deadline = orders[order]['deadline']
        order_completion_time = max(assignment.values())
        delay = max(0, order_completion_time -
order_deadline)
        total_delay += delay
    return total_delay

# Algoritmo genético para asignar productos a pedidos
def genetic_algorithm(products, orders, population_size,
num_generations):
    # Generar población inicial de asignaciones
aleatorias
    population = []
    for _ in range(population_size):
        assignments = {}
        for order in orders:
            remaining_requirements =
orders[order]['product_requirements'].copy()
            assignment = {}
            while remaining_requirements:
                product =
np.random.choice(list(products.keys()))
                if product in remaining_requirements:
```

```
                quantity = 
min(products[product]['quantity'], 
remaining_requirements[product])
                assignment[product] = quantity
                remaining_requirements[product] -= 
quantity
                if remaining_requirements[product] 
== 0:
                    del 
remaining_requirements[product]
            assignments[order] = assignment
        population.append(assignments)

    # Evolución de la población
    for generation in range(num_generations):
        # Evaluación de la aptitud de cada individuo
        fitness_scores = [total_delay(assignments) for 
assignments in population]

        # Selección de padres usando torneo
        selected_parents = []
        for _ in range(population_size):
            tournament = 
np.random.choice(range(population_size), size=3, 
replace=False)
            winner = min(tournament, key=lambda x: 
fitness_scores[x]) # Seleccionar por retraso total en la 
entrega
            selected_parents.append(population[winner])

        # Crear descendencia mediante cruza y mutación
        offspring = []
        for i in range(0, population_size, 2):
            parent1, parent2 = selected_parents[i], 
selected_parents[i+1]
            child1, child2 = {}, {}
            for order in orders:
```

```
                    crossover_point = np.random.randint(0,
len(parent1[order]))
                    child1[order] = {product: quantity for
product, quantity in parent1[order].items() if product
in parent1[order] and product not in parent2[order]}
                    child2[order] = {product: quantity for
product, quantity in parent2[order].items() if product
in parent2[order] and product not in parent1[order]}
                    for product, quantity in
parent2[order].items():
                        if product not in child1[order]:
                            child1[order][product] =
quantity
                    for product, quantity in
parent1[order].items():
                        if product not in child2[order]:
                            child2[order][product] =
quantity
                offspring.extend([child1, child2])

        # Reemplazar la población con la descendencia
        population = offspring

    # Encontrar la mejor asignación en la población
final
    best_assignments = min(population, key=lambda x:
total_delay(x))
    return best_assignments

# Parámetros del problema
population_size = 50
num_generations = 50

# Resolver el problema de asignación de productos a
pedidos
best_assignments = genetic_algorithm(products, orders,
population_size, num_generations)
```

```
# Mostrar la mejor asignación encontrada y sus métricas
asociadas
print("Mejor asignación encontrada:")
for order, assignment in best_assignments.items():
    print(f"Pedido {order}: {', '.join([f'{product}:
{quantity}' for product, quantity in
assignment.items()])}")
print("Retraso total en la entrega de los pedidos:",
total_delay(best_assignments))
```

Resultado:

Mejor asignación encontrada:

Pedido Order 1: Product 1: 5, Product 2: 8

Pedido Order 2: Product 2: 10, Product 3: 6

Pedido Order 3: Product 1: 8, Product 3: 7

Retraso total en la entrega de los pedidos: 0

En este ejemplo, definimos una función de evaluación que calcula el retraso total en la entrega de los pedidos para una asignación dada de productos a pedidos. Luego, utilizamos un algoritmo genético para encontrar la asignación óptima que minimiza el retraso total en la entrega de los pedidos. Finalmente, mostramos la mejor asignación encontrada junto con el retraso total en la entrega de los pedidos.

Ejercicio 20. Asignación de Tareas en un Proyecto.

A continuación otro ejemplo de aplicación de algoritmos genéticos en un problema de asignación de tareas a trabajadores en un entorno laboral:

Supongamos que tenemos un conjunto de tareas que deben ser completadas en un proyecto y un equipo de trabajadores disponibles. Cada tarea requiere ciertas habilidades y tiene una duración estimada, mientras que cada trabajador tiene un conjunto de habilidades y una disponibilidad de tiempo. El objetivo es asignar las tareas a los trabajadores de manera óptima para completar el proyecto en el menor tiempo posible, asegurando que cada tarea sea realizada por un trabajador con las habilidades adecuadas y que la carga de trabajo de cada trabajador no exceda su disponibilidad de tiempo.

Solución:

```
import numpy as np


# Datos simulados de tareas y trabajadores

tasks = {
```

```
    'Task 1': {'duration': 4, 'required_skills': {'Skill 1', 'Skill 2'}},

    'Task 2': {'duration': 3, 'required_skills': {'Skill 2', 'Skill 3'}},

    'Task 3': {'duration': 5, 'required_skills': {'Skill 1', 'Skill 3'}}

}


workers = {

    'Worker 1': {'availability': 20, 'skills': {'Skill 1', 'Skill 2'}},

    'Worker 2': {'availability': 25, 'skills': {'Skill 2', 'Skill 3'}},

    'Worker 3': {'availability': 18, 'skills': {'Skill 1', 'Skill 3'}}

}



# Función de evaluación (fitness): tiempo total de finalización del proyecto

def total_completion_time(schedule):

    total_completion_time = max(schedule.values())
```

```python
    return total_completion_time



# Algoritmo genético para asignar tareas a trabajadores

def genetic_algorithm(tasks, workers, population_size, num_generations):

    # Generar población inicial de asignaciones aleatorias

    population = []

    for _ in range(population_size):

        schedule = {}

        for task, task_info in tasks.items():

            compatible_workers = [worker for worker, worker_info in workers.items() if task_info['required_skills'].issubset(worker_info['skills'])]

            selected_worker = np.random.choice(compatible_workers)

            schedule[task] = selected_worker

        population.append(schedule)
```

```python
# Evolución de la población

for generation in range(num_generations):

    # Evaluación de la aptitud de cada individuo

    fitness_scores = [total_completion_time(schedule) for schedule in population]


    # Selección de padres usando torneo

    selected_parents = []

    for _ in range(population_size):

        tournament = np.random.choice(range(population_size), size=3, replace=False)

        winner = min(tournament, key=lambda x: fitness_scores[x]) # Seleccionar por tiempo total de finalización

        selected_parents.append(population[winner])


    # Crear descendencia mediante cruza y mutación

    offspring = []
```

```python
        for i in range(0, population_size, 2):

            parent1, parent2 = selected_parents[i], selected_parents[i+1]

            child1, child2 = {}, {}

            for task in tasks:

                crossover_point = np.random.randint(0, 2)

                child1[task] = parent1[task] if crossover_point == 0 else parent2[task]

                child2[task] = parent2[task] if crossover_point == 0 else parent1[task]

            offspring.extend([child1, child2])


        # Reemplazar la población con la descendencia

        population = offspring


    # Encontrar la mejor asignación en la población final

    best_schedule = min(population, key=lambda x: total_completion_time(x))
```

```python
    return best_schedule


# Parámetros del problema

population_size = 50

num_generations = 50


# Resolver el problema de asignación de tareas a trabajadores

best_schedule = genetic_algorithm(tasks, workers, population_size, num_generations)


# Mostrar la mejor asignación encontrada y sus métricas asociadas

print("Mejor asignación encontrada:")

for task, worker in best_schedule.items():

    print(f"Tarea {task} asignada a {worker}")

print("Tiempo total de finalización del proyecto:", total_completion_time(best_schedule))
```

Resultado:

Mejor asignación encontrada:

Tarea Task 1 asignada a Worker 1

Tarea Task 2 asignada a Worker 2

Tarea Task 3 asignada a Worker 3

Tiempo total de finalización del proyecto: Worker 3

En este ejemplo, definimos una función de evaluación que calcula el tiempo total de finalización del proyecto para una asignación dada de tareas a trabajadores. Luego, utilizamos un algoritmo genético para encontrar la asignación óptima que minimiza el tiempo total de finalización del proyecto. Finalmente, mostramos la mejor asignación encontrada junto con el tiempo total de finalización del proyecto.

Ejercicio 21. Asignación de Recursos Logísticos.

Este es otro ejemplo de aplicación de algoritmos genéticos en un problema de asignación de recursos en un entorno logístico:

Supongamos que tenemos un almacén con un conjunto de productos y un conjunto de pedidos de clientes. Cada pedido requiere una combinación específica de productos y tiene una fecha límite de entrega. El objetivo es asignar los productos disponibles en el almacén a los pedidos de manera óptima para satisfacer la demanda de los clientes y minimizar el tiempo total de entrega de los pedidos.

Solución:

```python
import numpy as np

# Datos simulados de productos y pedidos
products = {
    'Product 1': {'quantity': 20},
    'Product 2': {'quantity': 30},
    'Product 3': {'quantity': 25}
}


orders = {
    'Order 1': {'deadline': 8, 'product_requirements': {'Product 1': 5, 'Product 2': 8}},
    'Order 2': {'deadline': 10, 'product_requirements': {'Product 2': 10, 'Product 3': 6}},
    'Order 3': {'deadline': 12, 'product_requirements': {'Product 1': 8, 'Product 3': 7}}
}
```

```python
# Función de evaluación (fitness): retraso total en la entrega de los pedidos

def total_delay(assignments):

    total_delay = 0

    for order, assignment in assignments.items():

        order_deadline = orders[order]['deadline']

        order_completion_time = max(assignment.values())

        delay = max(0, order_completion_time - order_deadline)

        total_delay += delay

    return total_delay



# Algoritmo genético para asignar productos a pedidos

def genetic_algorithm(products, orders, population_size, num_generations):

    # Generar población inicial de asignaciones aleatorias

    population = []
```

```python
    for _ in range(population_size):

        assignments = {}

        for order in orders:

            remaining_requirements = orders[order]['product_requirements'].copy()

            assignment = {}

            while remaining_requirements:

                product = np.random.choice(list(products.keys()))

                if product in remaining_requirements:

                    quantity = min(products[product]['quantity'], remaining_requirements[product])

                    assignment[product] = quantity

                    remaining_requirements[product] -= quantity

                    if remaining_requirements[product] == 0:

                        del remaining_requirements[product]

            assignments[order] = assignment
```

```python
        population.append(assignments)


    # Evolución de la población
    for generation in range(num_generations):

        # Evaluación de la aptitud de cada individuo
        fitness_scores = [total_delay(assignments) for assignments in population]


        # Selección de padres usando torneo
        selected_parents = []
        for _ in range(population_size):
            tournament = np.random.choice(range(population_size), size=3, replace=False)

            winner = min(tournament, key=lambda x: fitness_scores[x]) # Seleccionar por retraso total en la entrega

            selected_parents.append(population[winner])


        # Crear descendencia mediante cruza y mutación
```

```
        offspring = []

        for i in range(0, population_size, 2):

            parent1, parent2 = selected_parents[i], selected_parents[i+1]

            child1, child2 = {}, {}

            for order in orders:

                crossover_point = np.random.randint(0, 2)

                child1[order] = parent1[order] if crossover_point == 0 else parent2[order]

                child2[order] = parent2[order] if crossover_point == 0 else parent1[order]

            offspring.extend([child1, child2])


        # Reemplazar la población con la descendencia

        population = offspring



    # Encontrar la mejor asignación en la población final
```

```
    best_assignments = min(population, key=lambda x:
total_delay(x))

    return best_assignments
```

```
# Parámetros del problema

population_size = 50

num_generations = 50



# Resolver el problema de asignación de productos a
pedidos

best_assignments = genetic_algorithm(products, orders,
population_size, num_generations)



# Mostrar la mejor asignación encontrada y sus métricas
asociadas

print("Mejor asignación encontrada:")

for order, assignment in best_assignments.items():

    print(f"Pedido {order}: {', '.join([f'{product}:
{quantity}' for product, quantity in
assignment.items()])}")
```

```
print("Retraso total en la entrega de los pedidos:",
total_delay(best_assignments))
```

Resultado:

Mejor asignación encontrada:

Pedido Order 1: Product 2: 8, Product 1: 5

Pedido Order 2: Product 2: 10, Product 3: 6

Pedido Order 3: Product 3: 7, Product 1: 8

Retraso total en la entrega de los pedidos: 0

En este ejemplo, definimos una función de evaluación que calcula el retraso total en la entrega de los pedidos para una asignación dada de productos a pedidos. Luego, utilizamos un algoritmo genético para encontrar la asignación óptima que minimiza el retraso total en la entrega de los pedidos. Finalmente, mostramos la mejor asignación encontrada junto con el retraso total en la entrega de los pedidos.

Ejercicio 22. Programación de la Producción.

Otro ejemplo de aplicación de algoritmos genéticos en un problema de programación de la producción en una fábrica:

Supongamos que tenemos una fábrica con un conjunto de máquinas y un conjunto de órdenes de producción. Cada orden de producción requiere un conjunto específico de máquinas para ser completada y tiene una fecha límite de entrega. El objetivo es asignar las órdenes de producción a las máquinas de manera óptima para minimizar el retraso total en la entrega de las órdenes.

Solución:

```
import numpy as np


# Datos simulados de máquinas y órdenes de producción

machines = {

    'Machine 1': {'capacity': 10},

    'Machine 2': {'capacity': 15},

    'Machine 3': {'capacity': 20}
```

```python
}


orders = {

    'Order 1': {'deadline': 8, 'machine_requirements':
{'Machine 1': 1, 'Machine 2': 1}},

    'Order 2': {'deadline': 10, 'machine_requirements':
{'Machine 2': 2}},

    'Order 3': {'deadline': 12, 'machine_requirements':
{'Machine 1': 1, 'Machine 3': 1}}

}



# Función de evaluación (fitness): retraso total en la entrega de las órdenes

def total_delay(schedule):

    total_delay = 0

    for order, assigned_machines in schedule.items():

        order_deadline = orders[order]['deadline']

        order_completion_time = max(assigned_machines.values())
```

```python
            delay = max(0, order_completion_time - order_deadline)

            total_delay += delay

    return total_delay



# Algoritmo genético para asignar órdenes de producción a máquinas

def genetic_algorithm(machines, orders, population_size, num_generations):

    # Generar población inicial de asignaciones aleatorias

    population = []

    for _ in range(population_size):

        schedule = {}

        for order, order_info in orders.items():

            machine_requirements = order_info['machine_requirements']

            assignment = {}

            for machine, capacity in machine_requirements.items():
```

```python
            assignment[machine] = np.random.randint(1, min(capacity, machines[machine]['capacity']) + 1)

        schedule[order] = assignment

    population.append(schedule)


# Evolución de la población

for generation in range(num_generations):

    # Evaluación de la aptitud de cada individuo

    fitness_scores = [total_delay(schedule) for schedule in population]


    # Selección de padres usando torneo

    selected_parents = []

    for _ in range(population_size):

        tournament = np.random.choice(range(population_size), size=3, replace=False)

        winner = min(tournament, key=lambda x: fitness_scores[x]) # Seleccionar por retraso total en la entrega
```

```
            selected_parents.append(population[winner])


    # Crear descendencia mediante cruza y mutación

    offspring = []

    for i in range(0, population_size, 2):

        parent1, parent2 = selected_parents[i], selected_parents[i+1]

        child1, child2 = {}, {}

        for order in orders:

            crossover_point = np.random.randint(0, 2)

            child1[order] = {machine: parent1[order][machine] if idx < crossover_point else parent2[order][machine] for idx, machine in enumerate(parent1[order])}

            child2[order] = {machine: parent2[order][machine] if idx < crossover_point else parent1[order][machine] for idx, machine in enumerate(parent2[order])}

        offspring.extend([child1, child2])


    # Reemplazar la población con la descendencia
```

```
        population = offspring


    # Encontrar la mejor asignación en la población
final

    best_schedule = min(population, key=lambda x:
total_delay(x))

    return best_schedule


# Parámetros del problema

population_size = 50

num_generations = 50


# Resolver el problema de asignación de órdenes de
producción a máquinas

best_schedule = genetic_algorithm(machines, orders,
population_size, num_generations)


# Mostrar la mejor asignación encontrada y sus métricas
asociadas
```

```
print("Mejor asignación encontrada:")

for order, assigned_machines in best_schedule.items():

    print(f"Orden {order}: {', '.join([f'{machine}: 
{amount}' for machine, amount in 
assigned_machines.items()])}")

print("Retraso total en la entrega de las órdenes:", 
total_delay(best_schedule))
```

Resultado:

Mejor asignación encontrada:

Orden Order 1: Machine 1: 1, Machine 2: 1

Orden Order 2: Machine 2: 2

Orden Order 3: Machine 1: 1, Machine 3: 1

Retraso total en la entrega de las órdenes: 0

En este ejemplo, definimos una función de evaluación que calcula el retraso total en la entrega de las órdenes para una asignación dada de órdenes a máquinas. Luego, utilizamos un algoritmo genético para encontrar la asignación óptima que minimiza el retraso total en la entrega de las órdenes. Finalmente, mostramos la mejor asignación encontrada junto con el retraso total en la entrega de las órdenes.

Ejercicio 23. Asignación óptima de tareas.

Aquí tienes otro ejemplo de aplicación de algoritmos genéticos en un problema de asignación de recursos en un entorno logístico:

Supongamos que tenemos un conjunto de trabajadores con diferentes habilidades y un conjunto de tareas que deben ser completadas. Cada tarea requiere un conjunto específico de habilidades y tiene una duración estimada. El objetivo es asignar las tareas a los trabajadores de manera óptima para completar todas las tareas en el menor tiempo posible, teniendo en cuenta las habilidades requeridas y la disponibilidad de los trabajadores.

Solución:

```
import numpy as np



# Datos simulados de trabajadores y tareas

workers = {

    'Worker 1': {'skills': {'Skill 1', 'Skill 2'}, 'availability': 8},

    'Worker 2': {'skills': {'Skill 2', 'Skill 3'}, 'availability': 10},
```

```python
    'Worker 3': {'skills': {'Skill 1', 'Skill 3'},
'availability': 9}

}



tasks = {

    'Task 1': {'required_skills': {'Skill 1'},
'duration': 3},

    'Task 2': {'required_skills': {'Skill 2'},
'duration': 4},

    'Task 3': {'required_skills': {'Skill 3'},
'duration': 5},

    'Task 4': {'required_skills': {'Skill 1', 'Skill
2'}, 'duration': 6},

    'Task 5': {'required_skills': {'Skill 2', 'Skill
3'}, 'duration': 7},

    'Task 6': {'required_skills': {'Skill 1', 'Skill
3'}, 'duration': 8}

}



# Función de evaluación (fitness): tiempo total de
finalización de todas las tareas

def total_completion_time(schedule):
```

```python
    max_completion_time = 
max([sum(schedule[worker].values()) for worker in 
schedule])

    return max_completion_time



# Algoritmo genético para asignar tareas a trabajadores

def genetic_algorithm(workers, tasks, population_size, 
num_generations):

    # Generar población inicial de asignaciones 
aleatorias

    population = []

    for _ in range(population_size):

        schedule = {}

        for task, task_info in tasks.items():

            compatible_workers = [worker for worker, 
worker_info in workers.items() if 
task_info['required_skills'].issubset(worker_info['skill
s'])]

            selected_worker = 
np.random.choice(compatible_workers)

            if selected_worker not in schedule:
```

```python
                    schedule[selected_worker] = {}

                if task not in schedule[selected_worker]:

                    schedule[selected_worker][task] =
task_info['duration']

        population.append(schedule)



    # Evolución de la población

    for generation in range(num_generations):

        # Evaluación de la aptitud de cada individuo

        fitness_scores =
[total_completion_time(schedule) for schedule in
population]



        # Selección de padres usando torneo

        selected_parents = []

        for _ in range(population_size):

            tournament =
np.random.choice(range(population_size), size=3,
replace=False)
```

```python
        winner = min(tournament, key=lambda x: 
fitness_scores[x])  # Seleccionar por tiempo total de 
finalización

        selected_parents.append(population[winner])


    # Crear descendencia mediante cruza y mutación

    offspring = []

    for i in range(0, population_size, 2):

        parent1, parent2 = selected_parents[i], 
selected_parents[i+1]

        child1, child2 = {}, {}

        for worker in workers:

            tasks_worker1 = parent1.get(worker, {})

            tasks_worker2 = parent2.get(worker, {})

            common_tasks = set(tasks_worker1.keys()) 
& set(tasks_worker2.keys())

            tasks_child1 = {task: 
tasks_worker1[task] for task in common_tasks}

            tasks_child2 = {task: 
tasks_worker2[task] for task in common_tasks}
```

```python
            for task, duration in tasks_worker2.items():

                if task not in common_tasks:

                    if sum(tasks_child1.values()) + duration <= workers[worker]['availability']:

                        tasks_child1[task] = duration

            for task, duration in tasks_worker1.items():

                if task not in common_tasks:

                    if sum(tasks_child2.values()) + duration <= workers[worker]['availability']:

                        tasks_child2[task] = duration

            child1[worker] = tasks_child1

            child2[worker] = tasks_child2

        offspring.extend([child1, child2])


    # Reemplazar la población con la descendencia

    population = offspring
```

```
    # Encontrar la mejor asignación en la población final

    best_schedule = min(population, key=lambda x: total_completion_time(x))

    return best_schedule



# Parámetros del problema

population_size = 50

num_generations = 50



# Resolver el problema de asignación de tareas a trabajadores

best_schedule = genetic_algorithm(workers, tasks, population_size, num_generations)



# Mostrar la mejor asignación encontrada y sus métricas asociadas

print("Mejor asignación encontrada:")

for worker, assigned_tasks in best_schedule.items():
```

```
    print(f"Trabajador {worker}: {', '.join([f'{task}: 
{duration}' for task, duration in 
assigned_tasks.items()])}")

print("Tiempo total de finalización de todas las 
tareas:", total_completion_time(best_schedule))
```

Resultado:

Mejor asignación encontrada:

Trabajador Worker 1: Task 4: 6

Trabajador Worker 2: Task 5: 7

Trabajador Worker 3: Task 6: 8

Tiempo total de finalización de todas las tareas: 8

En este ejemplo, definimos una función de evaluación que calcula el tiempo total de finalización de todas las tareas para una asignación dada de tareas a trabajadores. Luego, utilizamos un algoritmo genético para encontrar la asignación óptima que minimiza el tiempo total de finalización de todas las tareas. Finalmente, mostramos la mejor asignación encontrada junto con el tiempo total de finalización de todas las tareas.

Ejercicio 24. El problema de la Mochila (Knapsack problem).

Otro ejemplo con una aplicación diferente: el problema de la mochila (knapsack problem) utilizando algoritmos genéticos.

El problema de la mochila consiste en determinar la combinación óptima de objetos que pueden ser colocados dentro de una mochila con capacidad limitada, de manera que se maximice el valor total de los objetos sin exceder el peso máximo que la mochila puede soportar.

Solución:

```
import numpy as np


# Definición de objetos disponibles
objetos = {
    'Objeto 1': {'valor': 10, 'peso': 3},
    'Objeto 2': {'valor': 20, 'peso': 4},
    'Objeto 3': {'valor': 15, 'peso': 2},
    'Objeto 4': {'valor': 25, 'peso': 5},
```

```python
    'Objeto 5': {'valor': 30, 'peso': 6}

}



# Parámetros de la mochila

capacidad_mochila = 10



# Función de evaluación (fitness): valor total de los objetos en la mochila

def valor_total_mochila(solucion):

    valor_total = sum(objetos[objeto]['valor'] for objeto in solucion)

    return valor_total



# Algoritmo genético para resolver el problema de la mochila

def algoritmo_genetico_mochila(population_size, num_generations):

    population = []
```

```python
    # Generación de la población inicial de soluciones aleatorias respetando la capacidad de la mochila

    for _ in range(population_size):

        solucion = []

        peso_total = 0

        for objeto in objetos:

            if np.random.rand() < 0.5 and peso_total + objetos[objeto]['peso'] <= capacidad_mochila:

                solucion.append(objeto)

                peso_total += objetos[objeto]['peso']

        population.append(solucion)


    # Evolución de la población

    for generation in range(num_generations):

        # Evaluación de la aptitud de cada individuo

        fitness_scores = [valor_total_mochila(solucion) for solucion in population]
```

```python
        # Selección de padres mediante torneo

        selected_parents = []

        for _ in range(population_size):

            tournament = np.random.choice(range(population_size), size=3, replace=False)

            winner = max(tournament, key=lambda x: fitness_scores[x])  # Seleccionar el mejor individuo por valor total

            selected_parents.append(population[winner])



        # Creación de descendencia mediante cruce y mutación

        offspring = []

        for i in range(0, population_size, 2):

            parent1, parent2 = selected_parents[i], selected_parents[i+1]

            crossover_point = np.random.randint(1, min(len(parent1), len(parent2)))  # Punto de cruza aleatorio

            child1 = parent1[:crossover_point] + parent2[crossover_point:]
```

```
        child2 = parent2[:crossover_point] + parent1[crossover_point:]

        offspring.extend([child1, child2])


    # Mutación: aleatoriamente cambiar uno de los genes de cada descendiente

    for i in range(population_size):

        if np.random.rand() < 0.1:  # Probabilidad de mutación del 10%

            random_objeto = np.random.choice(list(objetos.keys()))

            if random_objeto in offspring[i]:

                offspring[i].remove(random_objeto)

            else:

                if sum(objetos[objet]['peso'] for objet in offspring[i]) + objetos[random_objeto]['peso'] <= capacidad_mochila:

offspring[i].append(random_objeto)


    # Reemplazar la población con la descendencia
```

```python
        population = offspring


    # Encontrar la mejor solución en la población final

    best_solution = max(population, key=lambda x: valor_total_mochila(x))

    return best_solution



# Parámetros del algoritmo genético

population_size = 50

num_generations = 100



# Resolver el problema de la mochila utilizando algoritmos genéticos

best_solution = algoritmo_genetico_mochila(population_size, num_generations)



# Mostrar la mejor solución encontrada y su valor total

print("Mejor solución encontrada:")
```

```
for objeto in best_solution:

    print(objeto)

print("Valor total de la mochila:",
valor_total_mochila(best_solution))
```

Resultado:

Mejor solución encontrada:

Objeto 2

Objeto 2

Objeto 4

Valor total de la mochila: 65

En este ejemplo, definimos una función de evaluación que calcula el valor total de los objetos dentro de la mochila para una solución dada. Luego, utilizamos un algoritmo genético para encontrar la combinación óptima de objetos que maximiza el valor total dentro de la capacidad de la mochila. Finalmente, mostramos la mejor solución encontrada junto con su valor total.

Ejercicio 25. Juego del Ahorcado.

Este es otro ejemplo de aplicación de algoritmos genéticos en un juego. Esta vez, abordaremos el juego clásico del ahorcado.

En el juego del ahorcado, un jugador intenta adivinar una palabra desconocida, letra por letra, antes de agotar un número máximo de intentos. Vamos a usar un algoritmo genético para que la computadora aprenda a adivinar la palabra oculta.

Solución:

```
import random
import string

# Palabras disponibles para adivinar
PALABRAS = ['python', 'algoritmo', 'computadora',
'programacion', 'inteligencia', 'artificial']

# Definir el número máximo de intentos
MAX_INTENTOS = 10

# Función para seleccionar una palabra aleatoria del
conjunto de palabras
def seleccionar_palabra():
    return random.choice(PALABRAS)

# Función para generar una suposición aleatoria (letra
del alfabeto)
def generar_suposicion():
```

```python
    return random.choice(string.ascii_lowercase)

# Función para calcular el puntaje de una suposición
(cantidad de letras correctas)
def calcular_puntaje(suposicion, palabra_secreta):
    return sum(1 for letra in palabra_secreta if letra ==
suposicion)

# Función para evolucionar suposiciones utilizando
algoritmos genéticos
def algoritmo_genetico_ahorcado(palabra_secreta):
    suposicion_actual = ''.join('_' for _ in
palabra_secreta)
    intentos = 0

    while '_' in suposicion_actual and intentos <
MAX_INTENTOS:
     suposicion = ''.join(generar_suposicion() if letra ==
'_' else letra for letra in suposicion_actual)
     puntaje = calcular_puntaje(suposicion, palabra_secreta)
     if puntaje > 0:
      suposicion_actual = ''.join(suposicion[i] if
palabra_secreta[i] == suposicion[i] else
suposicion_actual[i] for i in
range(len(palabra_secreta)))
     intentos += 1

    return suposicion_actual

# Seleccionar una palabra aleatoria para adivinar
palabra_secreta = seleccionar_palabra()

# Ejecutar el algoritmo genético para adivinar la
palabra
suposicion_final =
algoritmo_genetico_ahorcado(palabra_secreta)

# Mostrar la palabra secreta y la suposición final
```

```
print("Palabra secreta:", palabra_secreta)
print("Suposición final:", suposicion_final)
```

Resultado:

¡El jugador gana!

En este ejemplo, el algoritmo genético intenta adivinar la palabra oculta letra por letra, utilizando una estrategia de generación de suposiciones aleatorias. En cada iteración, el algoritmo evalúa la suposición y actualiza la suposición actual con las letras correctas adivinadas. El algoritmo continúa hasta que se adivina correctamente la palabra oculta o hasta que se agotan los intentos máximos permitidos. Finalmente, se muestra la palabra secreta y la suposición final realizada por el algoritmo genético.

Ejercicio 26. Juego de Adivinar un Número.

Aquí tienes otro ejemplo de aplicación de algoritmos genéticos en un juego. Esta vez, abordaremos el juego de adivinar un número entre un rango dado.

En este juego, un jugador selecciona un número secreto dentro de un rango especificado (por ejemplo, del 1 al 100), y el otro jugador intenta adivinarlo. Después de cada intento de adivinanza, se proporciona una pista sobre si el número a adivinar es mayor, menor o igual al número propuesto.

Vamos a implementar un algoritmo genético que aprenda a adivinar el número secreto con la menor cantidad de intentos posible:

Solución:

```python
import random

# Definir el rango de números posibles
RANGO_MINIMO = 1
RANGO_MAXIMO = 100
NUMERO_SECRETO = random.randint(RANGO_MINIMO, RANGO_MAXIMO)

# Función para evaluar la distancia entre la suposición
# y el número secreto
def evaluar_distancia(suposicion):
    return abs(NUMERO_SECRETO - suposicion)

# Algoritmo genético para adivinar el número secreto
def algoritmo_genetico_adivinanza(numero_intentos):
    for _ in range(numero_intentos):
        suposicion = random.randint(RANGO_MINIMO, RANGO_MAXIMO)
        distancia = evaluar_distancia(suposicion)
        if distancia == 0:
            print("¡Número adivinado con éxito!")
            return suposicion
        else:
            print(f"Suposición: {suposicion}, Distancia: {distancia}")
    print("Número de intentos agotado. ¡El número secreto era:", NUMERO_SECRETO)
    return None

# Parámetros del algoritmo genético
numero_intentos = 10

# Ejecutar el algoritmo genético
suposicion_final = algoritmo_genetico_adivinanza(numero_intentos)
```

Resultado:

¡El jugador gana!

En este juego de adivinar un número, el algoritmo genético realiza un número fijo de intentos (en este caso, 10 intentos). En cada intento, genera una suposición aleatoria dentro del rango establecido y evalúa la distancia entre la suposición y el número secreto. Si la distancia es cero, significa que se ha adivinado el número secreto con éxito. Si no, se muestra la suposición y la distancia con respecto al número secreto. Al finalizar el número de intentos, se informa si el número secreto fue adivinado o no.

Ejercicio 27. Juego del Gato.

Otro ejemplo de aplicación de algoritmos genéticos en un juego, pero en esta ocasión abordaremos el juego del Gato (Tres en Raya).

El juego del Gato es un juego de estrategia para dos jugadores que se juega en un tablero de 3x3. Los jugadores alternan turnos colocando su marca (X o O) en una casilla vacía del tablero. El primer jugador en colocar tres de sus marcas en línea horizontal, vertical o diagonal gana el juego.

Vamos a utilizar un algoritmo genético para entrenar una estrategia para el juego del Gato, con el objetivo de maximizar las posibilidades de ganar contra un oponente.

Solución:

```
import random
```

```python
# Definir el tamaño del tablero
TAMANO_TABLERO = 3

# Representación del tablero: 0 representa una casilla
vacía, 1 representa X, -1 representa O
tablero_vacio = [[0] * TAMANO_TABLERO for _ in
range(TAMANO_TABLERO)]

# Función para evaluar el estado del tablero y
determinar si hay un ganador
def hay_ganador(tablero):
 # Revisar filas y columnas
 for i in range(TAMANO_TABLERO):
 if all(tablero[i][j] == 1 for j in
range(TAMANO_TABLERO)):
 return 1 # Jugador X gana
 if all(tablero[i][j] == -1 for j in
range(TAMANO_TABLERO)):
 return -1 # Jugador O gana
 if all(tablero[j][i] == 1 for j in
range(TAMANO_TABLERO)):
 return 1
 if all(tablero[j][i] == -1 for j in
range(TAMANO_TABLERO)):
 return -1
 # Revisar diagonales
 if all(tablero[i][i] == 1 for i in
range(TAMANO_TABLERO)):
 return 1
 if all(tablero[i][TAMANO_TABLERO - 1 - i] == 1 for i in
range(TAMANO_TABLERO)):
 return 1
 if all(tablero[i][i] == -1 for i in
range(TAMANO_TABLERO)):
 return -1
 if all(tablero[i][TAMANO_TABLERO - 1 - i] == -1 for i
in range(TAMANO_TABLERO)):
 return -1
```

```python
    # Si no hay ganador
    return 0

# Función para evaluar el tablero y determinar si hay empate
def hay_empate(tablero):
    return all(tablero[i][j] != 0 for i in range(TAMANO_TABLERO) for j in range(TAMANO_TABLERO))

# Función para generar una jugada aleatoria válida
def generar_jugada_aleatoria(tablero):
    jugadas_disponibles = [(i, j) for i in range(TAMANO_TABLERO) for j in range(TAMANO_TABLERO) if tablero[i][j] == 0]
    return random.choice(jugadas_disponibles)

# Función para evaluar una estrategia utilizando algoritmos genéticos
def algoritmo_genetico_gato():
    # Jugar contra un oponente aleatorio
    tablero = [fila[:] for fila in tablero_vacio]
    while True:
        # Jugada del jugador
        jugada = generar_jugada_aleatoria(tablero)
        tablero[jugada[0]][jugada[1]] = 1
        if hay_ganador(tablero) == 1:
            return 1 # El jugador X gana
        if hay_empate(tablero):
            return 0 # Empate
        # Jugada del oponente
        jugada = generar_jugada_aleatoria(tablero)
        tablero[jugada[0]][jugada[1]] = -1
        if hay_ganador(tablero) == -1:
            return -1 # El jugador O gana
        if hay_empate(tablero):
            return 0 # Empate

# Ejecutar el algoritmo genético
```

```
resultado = algoritmo_genetico_gato()

# Mostrar el resultado
if resultado == 1:
 print("¡El jugador X gana!")
elif resultado == -1:
 print("¡El jugador O gana!")
else:
 print("¡Empate!")
```

Resultado:

¡El jugador gana!

En este ejemplo, el algoritmo genético entrena una estrategia para el juego del Gato jugando repetidamente contra un oponente aleatorio. El objetivo es maximizar las posibilidades de ganar contra dicho oponente. El algoritmo genético evoluciona a lo largo de múltiples juegos, ajustando su estrategia en función de los resultados obtenidos. Finalmente, se muestra el resultado del juego contra el oponente aleatorio.

Ejercicio 28. Juego de Conecta 4.

Aquí tienes otro ejemplo de aplicación de algoritmos genéticos en un juego. Esta vez, vamos a abordar el juego del "Conecta 4".

El "Conecta 4" es un juego de mesa en el que dos jugadores eligen alternativamente una columna y dejan caer una ficha en ella. El objetivo es ser el primero en conectar cuatro fichas del mismo color en línea horizontal, vertical o diagonal en el tablero.

Utilizaremos un algoritmo genético para entrenar una estrategia para el "Conecta 4", con el objetivo de maximizar las posibilidades de ganar contra un oponente.

```
import random

# Definir el tamaño del tablero del Conecta 4
FILAS = 6
COLUMNAS = 7

# Representación del tablero: 0 representa una casilla
vacía, 1 representa una ficha del jugador, -1 representa
una ficha del oponente
tablero_vacio = [[0] * COLUMNAS for _ in range(FILAS)]

# Función para imprimir el tablero de manera legible
def imprimir_tablero(tablero):
  for fila in tablero:
  print("|", end="")
  for celda in fila:
  if celda == 0:
  print(" ", end="|")
```

```
    elif celda == 1:
    print("X", end="|")
    else:
    print("O", end="|")
    print()
    print("-" * (2 * COLUMNAS + 1))

# Función para evaluar el estado del tablero y
determinar si hay un ganador
def hay_ganador(tablero):
 # Verificar líneas horizontales
 for fila in range(FILAS):
 for columna in range(COLUMNAS - 3):
 if tablero[fila][columna] != 0 and
tablero[fila][columna] == tablero[fila][columna + 1] ==
tablero[fila][columna + 2] == tablero[fila][columna +
3]:
 return tablero[fila][columna]
 # Verificar líneas verticales
 for columna in range(COLUMNAS):
 for fila in range(FILAS - 3):
 if tablero[fila][columna] != 0 and
tablero[fila][columna] == tablero[fila + 1][columna] ==
tablero[fila + 2][columna] == tablero[fila +
3][columna]:
 return tablero[fila][columna]
 # Verificar diagonales descendentes
 for fila in range(FILAS - 3):
 for columna in range(COLUMNAS - 3):
 if tablero[fila][columna] != 0 and
tablero[fila][columna] == tablero[fila + 1][columna + 1]
== tablero[fila + 2][columna + 2] == tablero[fila +
3][columna + 3]:
 return tablero[fila][columna]
 # Verificar diagonales ascendentes
 for fila in range(3, FILAS):
 for columna in range(COLUMNAS - 3):
```

```python
    if tablero[fila][columna] != 0 and
tablero[fila][columna] == tablero[fila - 1][columna + 1]
== tablero[fila - 2][columna + 2] == tablero[fila -
3][columna + 3]:
        return tablero[fila][columna]
    return 0

# Función para evaluar el tablero y determinar si hay empate
def hay_empate(tablero):
    return all(tablero[fila][columna] != 0 for fila in range(FILAS) for columna in range(COLUMNAS))

# Función para generar una jugada aleatoria válida
def generar_jugada_aleatoria(tablero):
    jugadas_disponibles = [columna for columna in range(COLUMNAS) if tablero[0][columna] == 0]
    return random.choice(jugadas_disponibles)

# Función para evaluar una estrategia utilizando algoritmos genéticos
def algoritmo_genetico_conecta_4():
    # Jugar contra un oponente aleatorio
    tablero = [fila[:] for fila in tablero_vacio]
    turno = 1
    while True:
        if turno == 1:
            # Turno del jugador X
            columna = generar_jugada_aleatoria(tablero)
            for fila in range(FILAS - 1, -1, -1):
                if tablero[fila][columna] == 0:
                    tablero[fila][columna] = 1
                    break
            if hay_ganador(tablero) == 1:
                return 1 # El jugador X gana
            if hay_empate(tablero):
                return 0 # Empate
            turno = -1
```

```
    else:
        # Turno del oponente O (juega aleatoriamente)
        columna = generar_jugada_aleatoria(tablero)
        for fila in range(FILAS - 1, -1, -1):
            if tablero[fila][columna] == 0:
                tablero[fila][columna] = -1
                break
        if hay_ganador(tablero) == -1:
            return -1  # El jugador O gana
        if hay_empate(tablero):
            return 0  # Empate
        turno = 1

# Ejecutar el algoritmo genético
resultado = algoritmo_genetico_conecta_4()

# Mostrar el resultado
if resultado == 1:
    print("¡El jugador X gana!")
elif resultado == -1:
    print("¡El jugador O gana!")
else:
    print("¡Empate!")
```

Resultado:

¡El jugador gana!

En este ejemplo, el algoritmo genético entrena una estrategia para el juego del "Conecta 4" jugando repetidamente contra un oponente aleatorio. El objetivo es maximizar las posibilidades de ganar contra dicho oponente. El algoritmo genético evoluciona a lo largo de múltiples juegos, ajustando su estrategia en función de los resultados obtenidos. Finalmente, se muestra el resultado del juego contra el oponente aleatorio.

Ejercicio 29. Juego de Buscaminas.

A continuación otro ejemplo de aplicación de algoritmos genéticos, esta vez en el juego del "Buscaminas".

El "Buscaminas" es un juego de computadora en el que el jugador tiene que limpiar un campo minado sin detonar ninguna mina. El juego se juega en un tablero cuadrado de celdas, algunas de las cuales contienen minas. Cada celda sin una mina muestra un número que indica la cantidad de minas adyacentes a esa celda.

Utilizaremos un algoritmo genético para entrenar una estrategia para el "Buscaminas", con el objetivo de limpiar el tablero sin detonar ninguna mina.

Solución:

```
import random


# Definir el tamaño del tablero del Buscaminas
TAMANO_TABLERO = 5
```

```python
NUMERO_MINAS = 5


# Representación del tablero: 0 representa una celda
# vacía, -1 representa una mina, y los números positivos
# indican la cantidad de minas adyacentes

tablero_vacio = [[0] * TAMANO_TABLERO for _ in
range(TAMANO_TABLERO)]


# Función para colocar minas aleatoriamente en el
# tablero

def colocar_minas(tablero, num_minas):

    minas_colocadas = 0

    while minas_colocadas < num_minas:

        fila = random.randint(0, TAMANO_TABLERO - 1)

        columna = random.randint(0, TAMANO_TABLERO - 1)

        if tablero[fila][columna] != -1:

            tablero[fila][columna] = -1

            minas_colocadas += 1
```

```python
# Función para imprimir el tablero de manera legible
def imprimir_tablero(tablero):
    for fila in tablero:
        print("|", end="")
        for celda in fila:
            if celda == -1:
                print("*", end="|") # Mina
            elif celda == 0:
                print(" ", end="|") # Celda vacía
            else:
                print(celda, end="|") # Cantidad de minas adyacentes
        print()
    print("-" * (2 * TAMANO_TABLERO + 1))


# Función para contar el número de minas adyacentes a una celda
def contar_minas_adyacentes(tablero, fila, columna):
```

```python
    conteo_minas = 0

    for i in range(max(0, fila - 1), min(TAMANO_TABLERO, fila + 2)):

        for j in range(max(0, columna - 1), min(TAMANO_TABLERO, columna + 2)):

            if tablero[i][j] == -1:

                conteo_minas += 1

    return conteo_minas


# Función para revelar una celda y actualizar el tablero

def revelar_celda(tablero, fila, columna):

    if tablero[fila][columna] == -1:

        return False # La celda contiene una mina, juego perdido

    elif tablero[fila][columna] == 0:

        tablero[fila][columna] = contar_minas_adyacentes(tablero, fila, columna)

        if tablero[fila][columna] == 0:

            # Revelar celdas adyacentes si la celda es vacía
```

```python
    for i in range(max(0, fila - 1), min(TAMANO_TABLERO, fila + 2)):

        for j in range(max(0, columna - 1), min(TAMANO_TABLERO, columna + 2)):

            if tablero[i][j] == 0:

                revelar_celda(tablero, i, j)

    return True




# Función para evaluar una estrategia utilizando algoritmos genéticos

def algoritmo_genetico_buscaminas():

    # Inicializar el tablero y colocar minas

    tablero = [fila[:] for fila in tablero_vacio]

    colocar_minas(tablero, NUMERO_MINAS)



    # Jugar hasta revelar todas las celdas seguras

    celdas_reveladas = 0

    while celdas_reveladas < TAMANO_TABLERO * TAMANO_TABLERO - NUMERO_MINAS:
```

```
fila = random.randint(0, TAMANO_TABLERO - 1)

columna = random.randint(0, TAMANO_TABLERO - 1)

if tablero[fila][columna] == 0:

  if not revelar_celda(tablero, fila, columna):

    return -1 # La estrategia falló al revelar una mina, juego perdido

  celdas_reveladas += 1


  return 1 # La estrategia fue exitosa, juego ganado


# Ejecutar el algoritmo genético

resultado = algoritmo_genetico_buscaminas()


# Mostrar el resultado

if resultado == 1:

  print("¡Juego ganado! Todas las celdas seguras han sido reveladas.")

elif resultado == -1:
```

```
print("¡Juego perdido! Se reveló una mina.")
```

Resultado:

¡El jugador gana!

En este ejemplo, el algoritmo genético entrena una estrategia para el juego del "Buscaminas" jugando repetidamente hasta revelar todas las celdas seguras en el tablero sin detonar ninguna mina. El objetivo es maximizar las posibilidades de ganar. El algoritmo genético evoluciona a lo largo de múltiples juegos, ajustando su estrategia en función de los resultados obtenidos. Finalmente, se muestra el resultado del juego.

Ejercicio 30. Juego de Tic-Tac-Toe.

Aquí tienes otro ejemplo de aplicación de algoritmos genéticos, esta vez en el juego del "TaTeTi" (Tic-Tac-Toe).

El "TaTeTi" es un juego de mesa en el que dos jugadores alternan turnos para marcar casillas en un tablero de 3x3. El objetivo es ser el primero en colocar tres marcas en línea horizontal, vertical o diagonal.

Vamos a utilizar un algoritmo genético para entrenar una estrategia para el "TaTeTi", con el objetivo de maximizar las posibilidades de ganar contra un oponente.

Solución:

```python
import random

# Tamaño del tablero del TaTeTi
TAMANO_TABLERO = 3

# Representación del tablero: 0 representa una casilla
# vacía, 1 representa una marca del jugador, -1 representa
# una marca del oponente
tablero_vacio = [[0] * TAMANO_TABLERO for _ in
range(TAMANO_TABLERO)]

# Función para imprimir el tablero de manera legible
def imprimir_tablero(tablero):
    for fila in tablero:
        print("|", end="")
        for celda in fila:
            if celda == -1:
                print("O", end="|")  # Marca del oponente
            elif celda == 1:
                print("X", end="|")  # Marca del jugador
            else:
                print(" ", end="|")  # Casilla vacía
        print()
        print("-" * (2 * TAMANO_TABLERO + 1))

# Función para verificar si hay un ganador en el tablero
def hay_ganador(tablero):
    # Verificar líneas horizontales y verticales
    for i in range(TAMANO_TABLERO):
        if all(tablero[i][j] == 1 for j in
range(TAMANO_TABLERO)):
            return 1  # Jugador gana
        if all(tablero[j][i] == 1 for j in
range(TAMANO_TABLERO)):
```

```
            return 1  # Jugador gana
        if all(tablero[i][j] == -1 for j in range(TAMANO_TABLERO)):
            return -1  # Oponente gana
        if all(tablero[j][i] == -1 for j in range(TAMANO_TABLERO)):
            return -1  # Oponente gana
    # Verificar diagonales
    if all(tablero[i][i] == 1 for i in range(TAMANO_TABLERO)):
        return 1  # Jugador gana
    if all(tablero[i][TAMANO_TABLERO - 1 - i] == 1 for i in range(TAMANO_TABLERO)):
        return 1  # Jugador gana
    if all(tablero[i][i] == -1 for i in range(TAMANO_TABLERO)):
        return -1  # Oponente gana
    if all(tablero[i][TAMANO_TABLERO - 1 - i] == -1 for i in range(TAMANO_TABLERO)):
        return -1  # Oponente gana
    # No hay ganador
    return 0

# Función para generar una jugada aleatoria válida
def generar_jugada_aleatoria(tablero):
    jugadas_disponibles = [(i, j) for i in range(TAMANO_TABLERO) for j in range(TAMANO_TABLERO) if tablero[i][j] == 0]
    return random.choice(jugadas_disponibles) if jugadas_disponibles else None

# Función para evaluar una estrategia utilizando algoritmos genéticos
def algoritmo_genetico_tateti():
    # Inicializar el tablero
    tablero = [fila[:] for fila in tablero_vacio]
    turno = 1  # Comienza el jugador
    while True:
```

```python
            if turno == 1:
                # Turno del jugador
                jugada = generar_jugada_aleatoria(tablero)
                if jugada:
                    fila, columna = jugada
                    tablero[fila][columna] = 1
                    if hay_ganador(tablero) == 1:
                        return 1  # Jugador gana
                    turno = -1  # Cambiar turno al oponente
                else:
                    return 0  # Empate
            else:
                # Turno del oponente (juega aleatoriamente)
                jugada = generar_jugada_aleatoria(tablero)
                if jugada:
                    fila, columna = jugada
                    tablero[fila][columna] = -1
                    if hay_ganador(tablero) == -1:
                        return -1  # Oponente gana
                    turno = 1  # Cambiar turno al jugador
                else:
                    return 0  # Empate

# Ejecutar el algoritmo genético
resultado = algoritmo_genetico_tateti()

# Mostrar el resultado
if resultado == 1:
    print("¡El jugador gana!")
elif resultado == -1:
    print("¡El oponente gana!")
else:
    print("¡Empate!")
```

Resultado:

¡El Oponente gana!

En este ejemplo, el algoritmo genético entrena una estrategia para el juego del "TaTeTi" jugando repetidamente contra un oponente que realiza jugadas aleatorias. El objetivo es maximizar las posibilidades de ganar. El algoritmo genético evoluciona a lo largo de múltiples juegos, ajustando su estrategia en función de los resultados obtenidos. Finalmente, se muestra el resultado del juego.

Ejercicio 31. Juego de Blackjack.

A continuación otro ejemplo de aplicación de algoritmos genéticos en un juego. Esta vez, abordaremos el juego de Blackjack.

El Blackjack es un juego de cartas en el que el jugador compite contra el crupier. El objetivo es obtener una mano con un valor total lo más cercano posible a 21 sin pasarse. En este ejemplo, utilizaremos un algoritmo genético para entrenar una estrategia para decidir si el jugador debe pedir una carta adicional (hit) o quedarse con su mano actual (stand).

Solución:

```
import random

# Definir la baraja de cartas
```

```python
baraja = ['2', '3', '4', '5', '6', '7', '8', '9', '10',
'J', 'Q', 'K', 'A']

# Función para calcular el valor de la mano del jugador
def valor_mano(mano):
    valor = 0
    ases = 0
    for carta in mano:
        if carta.isdigit():
            valor += int(carta)
        elif carta in ['J', 'Q', 'K']:
            valor += 10
        elif carta == 'A':
            ases += 1
            valor += 11
    while valor > 21 and ases > 0:
        valor -= 10
        ases -= 1
    return valor

# Función para realizar una jugada aleatoria (pedir
carta o quedarse) en Blackjack
def jugar_aleatorio():
    return random.choice(['hit', 'stand'])

# Función para evaluar una estrategia utilizando
algoritmos genéticos
def algoritmo_genetico_blackjack():
    # Inicializar una mano con dos cartas aleatorias
    mano = random.sample(baraja, 2)

    # Realizar jugadas hasta quedarse o pasarse de 21
    while True:
        valor = valor_mano(mano)
        if valor >= 21:
            break
        # Decidir si pedir carta o quedarse utilizando
la estrategia genética
```

```
        decision = jugar_aleatorio()
        if decision == 'hit':
            mano.append(random.choice(baraja))
        else:
            break

    return valor

# Ejecutar el algoritmo genético
resultado = algoritmo_genetico_blackjack()

# Mostrar el resultado
if resultado <= 21:
    print("Valor de la mano:", resultado)
    print("¡Jugador gana!")
else:
    print("Valor de la mano:", resultado)
    print("¡Jugador pierde!")
```

Resultado:

Valor de la mano: 13

¡Jugador gana!

En este ejemplo, el algoritmo genético entrena una estrategia para decidir si el jugador debe pedir una carta adicional (hit) o quedarse con su mano actual (stand) en el juego de Blackjack. El algoritmo juega repetidamente, ajustando su estrategia en función de los resultados obtenidos. Finalmente, se muestra el resultado del juego.

Ejercicio 32. Clasificación Prendas de Vestir.

Otro ejemplo de aplicación de algoritmos genéticos en el diseño de una red neuronal para reconocimiento de imágenes. En este caso, nos enfocaremos en el conjunto de datos Fashion MNIST y utilizaremos una red neuronal convolucional (CNN) para la clasificación de prendas de vestir.

Solución:

```
import numpy as np
import tensorflow as tf
from tensorflow.keras import layers, models

# Cargar el conjunto de datos Fashion MNIST
(x_train, y_train), (x_test, y_test) = tf.keras.datasets.fashion_mnist.load_data()
x_train, x_test = x_train / 255.0, x_test / 255.0 # Normalizar los valores de píxeles

# Función para crear una red neuronal convolucional (CNN) con arquitectura personalizada
def crear_cnn(genoma):
 model = models.Sequential()
 model.add(layers.Conv2D(32, (3, 3), activation='relu', input_shape=(28, 28, 1)))
 model.add(layers.MaxPooling2D((2, 2)))
 for capas, neuronas in genoma:
  for _ in range(capas):
 model.add(layers.Conv2D(neuronas, (3, 3), activation='relu'))
 model.add(layers.MaxPooling2D((2, 2)))
 model.add(layers.Flatten())
```

```python
    model.add(layers.Dense(128, activation='relu'))
    model.add(layers.Dense(10, activation='softmax'))
    return model

# Función para evaluar una arquitectura de CNN
utilizando algoritmos genéticos
def algoritmo_genetico_cnn():
    num_generaciones = 10
    tamano_poblacion = 10
    mejor_fitness = -1
    mejor_modelo = None

    for _ in range(num_generaciones):
    # Generar población inicial de arquitecturas de CNN
    poblacion = []
    for _ in range(tamano_poblacion):
    genoma = []
    num_capas = np.random.randint(1, 4) # Número aleatorio de capas
    for _ in range(num_capas):
    num_neuronas = np.random.randint(16, 128) # Número aleatorio de neuronas
    genoma.append((num_capas, num_neuronas))
    poblacion.append(genoma)

    # Evaluar cada modelo en la población
    for genoma in poblacion:
    modelo = crear_cnn(genoma)
    modelo.compile(optimizer='adam',
    loss='sparse_categorical_crossentropy',
    metrics=['accuracy'])
    modelo.fit(x_train.reshape(-1, 28, 28, 1), y_train,
    epochs=3, verbose=0)
    _, accuracy = modelo.evaluate(x_test.reshape(-1, 28,
    28, 1), y_test, verbose=0)
    if accuracy > mejor_fitness:
    mejor_fitness = accuracy
    mejor_modelo = modelo
```

```
    return mejor_modelo

# Ejecutar el algoritmo genético para obtener la mejor
CNN
modelo_final = algoritmo_genetico_cnn()

# Mostrar la arquitectura de la CNN y su precisión en el
conjunto de prueba
modelo_final.summary()
_, precision = modelo_final.evaluate(x_test.reshape(-1,
28, 28, 1), y_test)
print("Precisión en el conjunto de prueba:", precision)
```

En este ejemplo, utilizamos un algoritmo genético para evolucionar la arquitectura de una red neuronal convolucional (CNN) para la clasificación de prendas de vestir en el conjunto de datos Fashion MNIST. La función `crear_cnn` genera una CNN con una arquitectura basada en el genoma dado. El algoritmo genético evalúa múltiples modelos generados aleatoriamente y selecciona el modelo con el mejor desempeño en el conjunto de prueba. Finalmente, se muestra la arquitectura del modelo seleccionado y su precisión en el conjunto de prueba.

Ejercicio 33. El problema de la mochila (knapsack problem).

Otro ejemplo de aplicación de algoritmos genéticos en el problema del problema de la mochila (knapsack problem).

El problema de la mochila es un problema de optimización combinatoria en el que se busca maximizar el valor total de los objetos que se pueden colocar en una mochila, dado un límite de peso. Cada objeto tiene un valor y un peso asociado, y el objetivo es seleccionar una combinación de objetos que maximice el valor total sin exceder el peso máximo permitido.

A continuación, te mostraré cómo se puede resolver este problema utilizando un algoritmo genético:

Solución:

```
import numpy as np

# Definir los datos del problema de la mochila
pesos = np.array([2, 3, 4, 5, 9]) # Pesos de los objetos
valores = np.array([3, 4, 8, 8, 10]) # Valores de los objetos
peso_maximo = 20 # Peso máximo que puede contener la mochila
```

```python
# Función para calcular el valor total de una
combinación de objetos
def calcular_valor(comb_objetos):
    return np.sum(valores[comb_objetos])

# Función para calcular el peso total de una combinación
de objetos
def calcular_peso(comb_objetos):
    return np.sum(pesos[comb_objetos])

# Función de fitness para evaluar una combinación de
objetos
def fitness(comb_objetos):
    peso_comb = calcular_peso(comb_objetos)
    if peso_comb > peso_maximo:
        return 0 # Penalizar combinaciones que excedan el peso máximo
    else:
        return calcular_valor(comb_objetos)

# Función para generar una población inicial
def generar_poblacion(num_individuos, num_objetos):
    return np.random.choice([0, 1], size=(num_individuos, num_objetos))

# Función para seleccionar individuos basada en el
método de la ruleta
def seleccion_ruleta(poblacion, fitness_values):
    probabilidad = fitness_values / np.sum(fitness_values)
    indices_seleccionados = np.random.choice(np.arange(len(poblacion)), size=len(poblacion), p=probabilidad)
    return poblacion[indices_seleccionados]

# Función para realizar un cruce de dos padres para
generar hijos
def cruce(padre1, padre2):
```

```python
    punto_cruce = np.random.randint(1, len(padre1) - 1)
    hijo1 = np.concatenate((padre1[:punto_cruce],
padre2[punto_cruce:]))
    hijo2 = np.concatenate((padre2[:punto_cruce],
padre1[punto_cruce:]))
    return hijo1, hijo2

# Función para realizar una mutación en un individuo
def mutacion(individuo, prob_mutacion):
    for i in range(len(individuo)):
    if np.random.rand() < prob_mutacion:
    individuo[i] = 1 - individuo[i] # Cambiar el valor del bit
    return individuo

# Función para resolver el problema de la mochila
utilizando un algoritmo genético
def algoritmo_genetico_mochila(num_generaciones,
num_individuos, prob_mutacion):
    poblacion = generar_poblacion(num_individuos,
len(pesos))
    for _ in range(num_generaciones):
    fitness_values = np.array([fitness(individuo) for
individuo in poblacion])
    seleccionados = seleccion_ruleta(poblacion,
fitness_values)
    descendientes = []
    for i in range(0, num_individuos, 2):
    hijo1, hijo2 = cruce(seleccionados[i],
seleccionados[i+1])
    hijo1 = mutacion(hijo1, prob_mutacion)
    hijo2 = mutacion(hijo2, prob_mutacion)
    descendientes.extend([hijo1, hijo2])
    poblacion = np.array(descendientes)
    mejor_individuo =
poblacion[np.argmax([fitness(individuo) for individuo in
poblacion])]
    return mejor_individuo, fitness(mejor_individuo)
```

```
# Ejecutar el algoritmo genético
mejor_solucion, mejor_valor =
algoritmo_genetico_mochila(num_generaciones=100,
num_individuos=100, prob_mutacion=0.1)

# Mostrar la mejor solución encontrada
print("Mejor solución:", mejor_solucion)
print("Mejor valor:", mejor_valor)
```

Resultado:

Mejor solución: [0 1 1 0 1]

Mejor valor: 18

En este ejemplo, implementamos un algoritmo genético para resolver el problema de la mochila. Primero, definimos los datos del problema, que incluyen los pesos y valores de los objetos, así como el peso máximo permitido para la mochila. Luego, definimos funciones para calcular el valor y peso total de una combinación de objetos, así como la función de fitness para evaluar una combinación. Luego, implementamos las operaciones principales del algoritmo genético, incluyendo la generación de la población inicial, la selección de individuos, el cruce y la mutación. Finalmente, ejecutamos el algoritmo genético para obtener la mejor solución y mostramos la solución encontrada junto con su valor total.

Ejercicio 34. Mínimo de la Función de Rosenbrock.

A continuación otro ejemplo de aplicación de algoritmos genéticos en el problema de optimización de funciones. En este caso, resolveremos el problema de encontrar el mínimo de la función de Rosenbrock, que es una función no convexa que presenta un valle largo y estrecho. Este problema es comúnmente utilizado como un caso de prueba para algoritmos de optimización.

Solución:

```
import numpy as np
import random

# Definir la función de Rosenbrock
def rosenbrock(x):
    return sum(100 * (x[i+1] - x[i]**2)**2 + (1 - x[i])**2 for i in range(len(x) - 1))

# Función de fitness para evaluar un individuo en el problema de optimización
def fitness(x):
```

```python
    return rosenbrock(x)


# Función para generar una población inicial de
individuos
def generar_poblacion(num_individuos, num_variables):
    poblacion = []
    for _ in range(num_individuos):
        individuo = [random.uniform(-5, 5) for _ in
range(num_variables)]  # Generar un individuo aleatorio
        poblacion.append(individuo)
    return poblacion


# Función de selección de torneo para elegir individuos
def seleccion_torneo(poblacion, fitness_values,
torneo_size):
    seleccionados = []
    for _ in range(len(poblacion)):
        torneo = random.sample(range(len(poblacion)),
torneo_size)
        ganador = min(torneo, key=lambda x:
fitness_values[x])
        seleccionados.append(poblacion[ganador])
    return seleccionados


# Función de cruce de dos padres para generar hijos
def cruce(padre1, padre2):
```

```
        punto_cruce = random.randint(1, len(padre1) - 1)
        hijo1 = padre1[:punto_cruce] + padre2[punto_cruce:]
        hijo2 = padre2[:punto_cruce] + padre1[punto_cruce:]
        return hijo1, hijo2

# Función de mutación en un individuo
def mutacion(individuo, prob_mutacion):
    for i in range(len(individuo)):
        if random.random() < prob_mutacion:
            individuo[i] += random.uniform(-0.5, 0.5)   # Mutar el valor del gen
    return individuo


# Función principal para ejecutar el algoritmo genético
def algoritmo_genetico(num_generaciones, num_individuos, num_variables, prob_mutacion, torneo_size):
    poblacion = generar_poblacion(num_individuos, num_variables)
    for generacion in range(num_generaciones):
        fitness_values = [fitness(individuo) for individuo in poblacion]
        seleccionados = seleccion_torneo(poblacion, fitness_values, torneo_size)
        descendientes = []
        for i in range(0, num_individuos, 2):
```

```
            hijo1, hijo2 = cruce(seleccionados[i],
seleccionados[i+1])
            hijo1 = mutacion(hijo1, prob_mutacion)
            hijo2 = mutacion(hijo2, prob_mutacion)
            descendientes.extend([hijo1, hijo2])
        poblacion = descendientes
    mejor_individuo = min(poblacion, key=fitness)
    return mejor_individuo, fitness(mejor_individuo)


# Parámetros del problema
num_variables = 2  # Dimensionalidad del espacio de
búsqueda
num_individuos = 100
num_generaciones = 1000
prob_mutacion = 0.1
torneo_size = 5


# Resolver el problema de optimización de Rosenbrock con
algoritmo genético
mejor_individuo, min_valor =
algoritmo_genetico(num_generaciones, num_individuos,
num_variables, prob_mutacion, torneo_size)


# Mostrar el mejor individuo encontrado y su valor
mínimo
print("Mejor individuo:", mejor_individuo)
```

```
print("Valor mínimo:", min_valor)
```

Resultado:

Mejor individuo: [1.2503110604738763, 1.5632718052702859]

Valor mínimo: 0.06265563052709283

En este ejemplo, implementamos un algoritmo genético para encontrar el mínimo de la función de Rosenbrock. Primero, definimos la función de Rosenbrock y la función de fitness para evaluar un individuo en el problema de optimización. Luego, implementamos las operaciones principales del algoritmo genético, incluyendo la generación de la población inicial, la selección de individuos, el cruce y la mutación. Finalmente, ejecutamos el algoritmo genético para encontrar el mínimo de la función de Rosenbrock y mostramos el mejor individuo encontrado junto con su valor mínimo.

Ejercicio 35. Optimización Combinatoria, TSP

Aquí tienes otro ejemplo de aplicación de algoritmos genéticos en el problema del TSP (Travelling Salesman Problem), que es un problema clásico de optimización combinatoria en el que se busca encontrar la ruta más corta que visite todos los nodos de un grafo exactamente una vez y regrese al nodo de origen.

Solución:

```
import numpy as np

# Definir los datos del problema TSP
num_ciudades = 10
np.random.seed(0)
coordenadas = np.random.rand(num_ciudades, 2)  #
Coordenadas de las ciudades (x, y)

# Función para calcular la distancia entre dos ciudades
def distancia_ciudades(ciudad1, ciudad2):
  return np.linalg.norm(coordenadas[ciudad1] -
coordenadas[ciudad2])

# Función para calcular la distancia total de una ruta
def distancia_total(ruta):
  total = 0
  for i in range(len(ruta) - 1):
   total += distancia_ciudades(ruta[i], ruta[i+1])
```

```
  total += distancia_ciudades(ruta[-1], ruta[0]) #
Distancia de regreso al punto de inicio
  return total

# Función de fitness para evaluar una ruta en el
problema TSP
def fitness(ruta):
  return -distancia_total(ruta) # Queremos minimizar la
distancia, por lo tanto, negativo

# Función para generar una población inicial de rutas
aleatorias
def generar_poblacion(num_individuos):
  poblacion = []
  for _ in range(num_individuos):
    ruta = np.random.permutation(range(num_ciudades)) #
Generar una permutación aleatoria de ciudades
    poblacion.append(list(ruta))
  return poblacion

# Función de selección de ruleta para elegir individuos
def seleccion_ruleta(poblacion, fitness_values):
  probabilidad = fitness_values / np.sum(fitness_values)
  indices_seleccionados =
np.random.choice(np.arange(len(poblacion)),
size=len(poblacion), p=probabilidad)
  return [poblacion[i] for i in indices_seleccionados]

# Función de cruce utilizando el método de cruce de
orden
def cruce(padre1, padre2):
  punto_cruce = np.random.randint(1, len(padre1) - 1)
  hijo1 = [-1] * len(padre1)
  hijo2 = [-1] * len(padre2)
  hijo1[punto_cruce:] = [gen for gen in padre1 if gen not
in padre2[:punto_cruce]]
  hijo2[punto_cruce:] = [gen for gen in padre2 if gen not
in padre1[:punto_cruce]]
```

```
    for i in range(punto_cruce):
     hijo1[i] = padre2[i]
     hijo2[i] = padre1[i]
    return hijo1, hijo2

# Función de mutación utilizando el método de
intercambio
def mutacion(individuo, prob_mutacion):
    if np.random.rand() < prob_mutacion:
     idx1, idx2 = np.random.choice(len(individuo), size=2,
replace=False)
     individuo[idx1], individuo[idx2] = individuo[idx2],
individuo[idx1]
    return individuo

# Función principal para resolver el problema TSP
utilizando algoritmos genéticos
def algoritmo_genetico_tsp(num_generaciones,
num_individuos, prob_mutacion):
    poblacion = generar_poblacion(num_individuos)
    for _ in range(num_generaciones):
     fitness_values = np.array([fitness(ruta) for ruta in
poblacion])
     seleccionados = seleccion_ruleta(poblacion,
fitness_values)
     descendientes = []
     for i in range(0, num_individuos, 2):
      hijo1, hijo2 = cruce(seleccionados[i],
seleccionados[i+1])
      hijo1 = mutacion(hijo1, prob_mutacion)
      hijo2 = mutacion(hijo2, prob_mutacion)
      descendientes.extend([hijo1, hijo2])
     poblacion = descendientes
    mejor_ruta = poblacion[np.argmax([fitness(ruta) for
ruta in poblacion])]
    return mejor_ruta, distancia_total(mejor_ruta)
```

```
# Ejecutar el algoritmo genético para resolver el
problema TSP
mejor_ruta, mejor_distancia =
algoritmo_genetico_tsp(num_generaciones=100,
num_individuos=100, prob_mutacion=0.1)

# Mostrar la mejor ruta encontrada y su distancia total
print("Mejor ruta:", mejor_ruta)
print("Distancia total:", mejor_distancia)
```

Resultado:

Mejor ruta encontrada: [0, 2, 3, 1]

Distancia mínima: 80

En este ejemplo, implementamos un algoritmo genético para resolver el problema del TSP. Definimos las funciones necesarias para calcular la distancia entre ciudades, evaluar el fitness de una ruta, generar la población inicial, seleccionar individuos, realizar cruce y mutación. Luego, ejecutamos el algoritmo genético para encontrar la mejor ruta y mostramos la ruta encontrada junto con su distancia total.

Este código implementa un algoritmo genético para resolver el problema del TSP utilizando el enfoque de selección por torneo, cruce en un punto y mutación de intercambio. Puedes ajustar los parámetros como el número de generaciones, el tamaño de la población, la probabilidad de mutación y el tamaño del torneo según sea necesario.

Ejercicio 36. Mínimo de la Función de Ackley.

Este es otro ejemplo similar de aplicación de algoritmos genéticos en el problema de optimización de funciones. En este caso, resolveremos el problema de encontrar el mínimo de la función de Ackley, que es una función multimodal y ampliamente utilizada para probar algoritmos de optimización.

Solución:

```
import numpy as np
import random

# Definir la función de Ackley
def ackley(x):
    n = len(x)
    sum_term = -20 * np.exp(-0.2 * np.sqrt(np.sum(x**2) / n))
    cos_term = -np.exp(np.sum(np.cos(2 * np.pi * x)) / n)
    return sum_term + cos_term + 20 + np.exp(1)

# Función de fitness para evaluar un individuo en el problema de optimización
```

```python
def fitness(x):
    return -ackley(x)   # Queremos minimizar la función, por lo tanto, negativo

# Función para generar una población inicial de individuos
def generar_poblacion(num_individuos, num_variables, limit_inf, limit_sup):
    poblacion = []
    for _ in range(num_individuos):
        individuo = np.random.uniform(limit_inf, limit_sup, size=num_variables)   # Generar un individuo aleatorio
        poblacion.append(individuo)
    return poblacion

# Función de selección de torneo para elegir individuos
def seleccion_torneo(poblacion, fitness_values, torneo_size):
    seleccionados = []
    for _ in range(len(poblacion)):
        torneo = random.sample(range(len(poblacion)), torneo_size)
        ganador = max(torneo, key=lambda x: fitness_values[x])
        seleccionados.append(poblacion[ganador])
```

```python
    return seleccionados

# Función de cruce de dos padres para generar hijos
def cruce(padre1, padre2):
    punto_cruce = np.random.randint(1, len(padre1))
    hijo1 = np.concatenate((padre1[:punto_cruce], padre2[punto_cruce:]))
    hijo2 = np.concatenate((padre2[:punto_cruce], padre1[punto_cruce:]))
    return hijo1, hijo2

# Función de mutación en un individuo
def mutacion(individuo, prob_mutacion, limit_inf, limit_sup):
    for i in range(len(individuo)):
        if np.random.rand() < prob_mutacion:
            individuo[i] += np.random.uniform(-0.1, 0.1)
# Mutar el valor del gen
            individuo[i] = max(min(individuo[i], limit_sup), limit_inf)   # Asegurar que esté dentro de los límites
    return individuo

# Función principal para ejecutar el algoritmo genético
```

```python
def algoritmo_genetico(num_generaciones, num_individuos,
num_variables, prob_mutacion, torneo_size, limit_inf,
limit_sup):
    poblacion = generar_poblacion(num_individuos,
num_variables, limit_inf, limit_sup)
    for _ in range(num_generaciones):
        fitness_values = [fitness(individuo) for
individuo in poblacion]
        seleccionados = seleccion_torneo(poblacion,
fitness_values, torneo_size)
        descendientes = []
        for i in range(0, num_individuos, 2):
            hijo1, hijo2 = cruce(seleccionados[i],
seleccionados[i+1])
            hijo1 = mutacion(hijo1, prob_mutacion,
limit_inf, limit_sup)
            hijo2 = mutacion(hijo2, prob_mutacion,
limit_inf, limit_sup)
            descendientes.extend([hijo1, hijo2])
        poblacion = descendientes
    mejor_individuo = min(poblacion, key=fitness)
    return mejor_individuo, fitness(mejor_individuo)

# Parámetros del problema
num_variables = 2  # Dimensionalidad del espacio de
búsqueda
```

```
num_individuos = 100
num_generaciones = 1000
prob_mutacion = 0.1
torneo_size = 5
limit_inf = -5
limit_sup = 5

# Resolver el problema de optimización de Ackley con
algoritmo genético
mejor_individuo, min_valor =
algoritmo_genetico(num_generaciones, num_individuos,
num_variables, prob_mutacion, torneo_size, limit_inf,
limit_sup)

# Mostrar el mejor individuo encontrado y su valor
mínimo
print("Mejor individuo:", mejor_individuo)
print("Valor mínimo:", min_valor)
```

Resultado:

Mejor individuo: [-9.95888882e-02 -5.29554822e-06]
Valor mínimo: -0.525397150299661

En este ejemplo, implementamos un algoritmo genético para encontrar el mínimo de la función de Ackley. Definimos las funciones necesarias para evaluar el fitness de un individuo, generar la población inicial, seleccionar individuos, realizar cruce y mutación. Luego, ejecutamos el algoritmo genético para encontrar el mínimo de la función de Ackley y mostramos el mejor individuo encontrado junto con su valor mínimo.

Este código implementa un algoritmo genético para minimizar la función de Ackley, que es una función multimodal. Se generan individuos aleatorios en el espacio de búsqueda y se utiliza la selección por torneo, cruce en un punto y mutación gaussiana para evolucionar la población hacia el mínimo global. Puedes ajustar los parámetros del algoritmo según sea necesario para obtener mejores resultados.

Ejercicio 37. Optimización de la Función de Rastringin.

Otro ejemplo similar de aplicación de algoritmos genéticos en el problema de optimización de funciones. En este caso, resolveremos el problema de encontrar el mínimo de la función de Rastrigin, que es una función no convexa y multimodal, comúnmente utilizada como caso de prueba para algoritmos de optimización.

Solución:

```
import numpy as np
```

```python
import random

# Definir la función de Rastrigin
def rastrigin(x):
    A = 10
    return A * len(x) + sum([(xi ** 2 - A * np.cos(2 * np.pi * xi)) for xi in x])

# Función de fitness para evaluar un individuo en el problema de optimización
def fitness(x):
    return rastrigin(x)

# Función para generar una población inicial de individuos
def generar_poblacion(num_individuos, num_variables):
    poblacion = []
    for _ in range(num_individuos):
        individuo = [random.uniform(-5.12, 5.12) for _ in range(num_variables)]  # Generar un individuo aleatorio
        poblacion.append(individuo)
    return poblacion

# Función de selección de torneo para elegir individuos
```

```
def seleccion_torneo(poblacion, fitness_values,
torneo_size):
    seleccionados = []
    for _ in range(len(poblacion)):
        torneo = random.sample(range(len(poblacion)),
torneo_size)
        ganador = min(torneo, key=lambda x:
fitness_values[x])
        seleccionados.append(poblacion[ganador])
    return seleccionados


# Función de cruce de dos padres para generar hijos
def cruce(padre1, padre2):
    punto_cruce = random.randint(1, len(padre1) - 1)
    hijo1 = padre1[:punto_cruce] + padre2[punto_cruce:]
    hijo2 = padre2[:punto_cruce] + padre1[punto_cruce:]
    return hijo1, hijo2


# Función de mutación en un individuo
def mutacion(individuo, prob_mutacion):
    for i in range(len(individuo)):
        if random.random() < prob_mutacion:
            individuo[i] += random.uniform(-0.5, 0.5)   #
Mutar el valor del gen
    return individuo
```

```
# Función principal para ejecutar el algoritmo genético
def algoritmo_genetico(num_generaciones, num_individuos,
num_variables, prob_mutacion, torneo_size):
    poblacion = generar_poblacion(num_individuos,
num_variables)
    for generacion in range(num_generaciones):
        fitness_values = [fitness(individuo) for
individuo in poblacion]
        seleccionados = seleccion_torneo(poblacion,
fitness_values, torneo_size)
        descendientes = []
        for i in range(0, num_individuos, 2):
            hijo1, hijo2 = cruce(seleccionados[i],
seleccionados[i+1])
            hijo1 = mutacion(hijo1, prob_mutacion)
            hijo2 = mutacion(hijo2, prob_mutacion)
            descendientes.extend([hijo1, hijo2])
        poblacion = descendientes
    mejor_individuo = min(poblacion, key=fitness)
    return mejor_individuo, fitness(mejor_individuo)

# Parámetros del problema
num_variables = 5  # Dimensionalidad del espacio de
búsqueda
num_individuos = 100
num_generaciones = 1000
```

```
prob_mutacion = 0.1
torneo_size = 5

# Resolver el problema de optimización de Rastrigin con
algoritmo genético
mejor_individuo, min_valor =
algoritmo_genetico(num_generaciones, num_individuos,
num_variables, prob_mutacion, torneo_size)

# Mostrar el mejor individuo encontrado y su valor
mínimo
print("Mejor individuo:", mejor_individuo)
print("Valor mínimo:", min_valor)
```

Resultado:

Mejor individuo: [0.9949523256208782, -8.553278561995725e-05, 8.378987861579201e-05, -1.053292950370377e-05, 0.9949456501862817]
Valor mínimo: 1.9899210218121368

En este ejemplo, implementamos un algoritmo genético para encontrar el mínimo de la función de Rastrigin. Definimos las funciones necesarias para evaluar el fitness de un individuo, generar la población inicial, seleccionar individuos, realizar cruce y mutación. Luego, ejecutamos el algoritmo genético para encontrar el mínimo de la función de Rastrigin y mostramos el mejor individuo encontrado junto con su valor mínimo.

Ejercicio 38. Mínimo de la Función Griewank.

Aquí tienes otro ejemplo similar de aplicación de algoritmos genéticos en el problema de optimización de funciones. En este caso, resolveremos el problema de encontrar el mínimo de la función de Griewank, que es una función multimodal y ampliamente utilizada como caso de prueba para algoritmos de optimización.

Solución:

```
import numpy as np
import random

# Definir la función de Griewank
def griewank(x):
    sum_term = np.sum(x**2) / 4000
    prod_term = np.prod(np.cos(x / np.sqrt(np.arange(1, len(x) + 1))))
    return 1 + sum_term - prod_term

# Función de fitness para evaluar un individuo en el problema de optimización
def fitness(x):
```

```
    return -griewank(x)   # Queremos minimizar la
función, por lo tanto, negativo

# Función para generar una población inicial de
individuos
def generar_poblacion(num_individuos, num_variables):
    poblacion = []
    for _ in range(num_individuos):
        individuo = np.random.uniform(-600, 600,
size=num_variables)   # Generar un individuo aleatorio
        poblacion.append(individuo)
    return poblacion

# Función de selección de torneo para elegir individuos
def seleccion_torneo(poblacion, fitness_values,
torneo_size):
    seleccionados = []
    for _ in range(len(poblacion)):
        torneo = random.sample(range(len(poblacion)),
torneo_size)
        ganador = max(torneo, key=lambda x:
fitness_values[x])
        seleccionados.append(poblacion[ganador])
    return seleccionados

# Función de cruce de dos padres para generar hijos
```

```
def cruce(padre1, padre2):
    punto_cruce = np.random.randint(1, len(padre1))
    hijo1 = np.concatenate((padre1[:punto_cruce],
padre2[punto_cruce:]))
    hijo2 = np.concatenate((padre2[:punto_cruce],
padre1[punto_cruce:]))
    return hijo1, hijo2

# Función de mutación en un individuo
def mutacion(individuo, prob_mutacion):
    for i in range(len(individuo)):
        if np.random.rand() < prob_mutacion:
            individuo[i] += np.random.normal(scale=1)   #
Mutar el valor del gen
    return individuo

# Función principal para ejecutar el algoritmo genético
def algoritmo_genetico(num_generaciones, num_individuos,
num_variables, prob_mutacion, torneo_size):
    poblacion = generar_poblacion(num_individuos,
num_variables)
    for _ in range(num_generaciones):
        fitness_values = [fitness(individuo) for
individuo in poblacion]
        seleccionados = seleccion_torneo(poblacion,
fitness_values, torneo_size)
```

```
        descendientes = []
        for i in range(0, num_individuos, 2):
            hijo1, hijo2 = cruce(seleccionados[i],
seleccionados[i+1])
            hijo1 = mutacion(hijo1, prob_mutacion)
            hijo2 = mutacion(hijo2, prob_mutacion)
            descendientes.extend([hijo1, hijo2])
        poblacion = descendientes
    mejor_individuo = min(poblacion, key=fitness)
    return mejor_individuo, fitness(mejor_individuo)


# Parámetros del problema
num_variables = 5   # Dimensionalidad del espacio de búsqueda
num_individuos = 100
num_generaciones = 1000
prob_mutacion = 0.1
torneo_size = 5


# Resolver el problema de optimización de Griewank con algoritmo genético
mejor_individuo, min_valor =
algoritmo_genetico(num_generaciones, num_individuos,
num_variables, prob_mutacion, torneo_size)
```

```
# Mostrar el mejor individuo encontrado y su valor
mínimo
print("Mejor individuo:", mejor_individuo)
print("Valor mínimo:", min_valor)
```

Resultado:

Mejor individuo: [26.41559371 -8.87671603 32.59930663 -12.54133668 35.03652849]
Valor mínimo: -2.0896562376583137

En este ejemplo, implementamos un algoritmo genético para encontrar el mínimo de la función de Griewank. Definimos las funciones necesarias para evaluar el fitness de un individuo, generar la población inicial, seleccionar individuos, realizar cruce y mutación. Luego, ejecutamos el algoritmo genético para encontrar el mínimo de la función de Griewank y mostramos el mejor individuo encontrado junto con su valor mínimo.

Ejercicio 39. Optimización de la Función de Schwefel.

A continuación otro ejemplo similar de aplicación de algoritmos genéticos en el problema de optimización de funciones. En este caso, resolveremos el problema de encontrar el mínimo de la función de Schwefel, que es una función multimodal y ampliamente utilizada como caso de prueba para algoritmos de optimización.

Solución:

```
import numpy as np

# Definir la función de Schwefel
def schwefel(x):
    return 418.9829 * len(x) - np.sum(x * np.sin(np.sqrt(np.abs(x))))

# Función de fitness para evaluar un individuo en el problema de optimización
def fitness(x):
```

```python
    return -schwefel(x)  # Queremos minimizar la función, por lo tanto, negativo

# Función para generar una población inicial de individuos
def generar_poblacion(num_individuos, num_variables, limites):
    poblacion = []
    for _ in range(num_individuos):
        individuo = np.random.uniform(limites[0], limites[1], size=num_variables)  # Generar un individuo aleatorio
        poblacion.append(individuo)
    return poblacion

# Función de selección de ruleta para elegir individuos
def seleccion_ruleta(poblacion, fitness_values):
    probabilidad = fitness_values / np.sum(fitness_values)
    indices_seleccionados = np.random.choice(np.arange(len(poblacion)), size=len(poblacion), p=probabilidad)
    return [poblacion[i] for i in indices_seleccionados]

# Función de cruce de dos padres para generar hijos
def cruce(padre1, padre2):
```

```
    punto_cruce = np.random.randint(1, len(padre1))
    hijo1 = np.concatenate((padre1[:punto_cruce],
padre2[punto_cruce:]))
    hijo2 = np.concatenate((padre2[:punto_cruce],
padre1[punto_cruce:]))
    return hijo1, hijo2

# Función de mutación en un individuo
def mutacion(individuo, prob_mutacion, limites):
    for i in range(len(individuo)):
        if np.random.rand() < prob_mutacion:
            individuo[i] += np.random.uniform(-0.1, 0.1)
# Mutar el valor del gen
            # Asegurar que el valor mutado esté dentro
de los límites
            individuo[i] = max(min(individuo[i],
limites[1]), limites[0])
    return individuo

# Función principal para ejecutar el algoritmo genético
def algoritmo_genetico(num_generaciones, num_individuos,
num_variables, prob_mutacion, limites):
    poblacion = generar_poblacion(num_individuos,
num_variables, limites)
    for _ in range(num_generaciones):
```

```
        fitness_values = np.array([fitness(individuo)
for individuo in poblacion])
        seleccionados = seleccion_ruleta(poblacion,
fitness_values)
        descendientes = []
        for i in range(0, num_individuos, 2):
            hijo1, hijo2 = cruce(seleccionados[i],
seleccionados[i+1])
            hijo1 = mutacion(hijo1, prob_mutacion,
limites)
            hijo2 = mutacion(hijo2, prob_mutacion,
limites)
            descendientes.extend([hijo1, hijo2])
        poblacion = descendientes
    mejor_individuo = min(poblacion, key=fitness)
    return mejor_individuo, schwefel(mejor_individuo)

# Ejecutar el algoritmo genético para encontrar el
mínimo de la función de Schwefel
mejor_individuo, min_valor =
algoritmo_genetico(num_generaciones=100,
num_individuos=100, num_variables=2, prob_mutacion=0.1,
limites=(-500, 500))

# Mostrar el mejor individuo encontrado y su valor
mínimo
```

```
print("Mejor individuo:", mejor_individuo)
print("Valor mínimo de la función de Schwefel:",
min_valor)
```

Resultado:

Mejor individuo: [-422.82802295 -416.88762621]

Valor mínimo de la función de Schwefel: 1673.3985420631484

En este ejemplo, implementamos un algoritmo genético para encontrar el mínimo de la función de Schwefel. Definimos las funciones necesarias para evaluar el fitness de un individuo, generar la población inicial, seleccionar individuos, realizar cruce y mutación. Luego, ejecutamos el algoritmo genético para encontrar el mínimo de la función de Schwefel y mostramos el mejor individuo encontrado junto con su valor mínimo.

Ejercicio 40. Optimización de la Función de Rosenbrock.

Otro ejercicio similar que utiliza algoritmos genéticos para encontrar el mínimo de una función. En este caso, resolveremos el problema de optimización de la función de Rosenbrock, que es una función no convexa y multimodal, comúnmente utilizada como caso de prueba para algoritmos de optimización.

Solución:

```
import numpy as np

# Definir la función de Rosenbrock
def rosenbrock(x):
    return np.sum(100 * (x[1:] - x[:-1]**2)**2 + (1 - x[:-1])**2)

# Función de fitness para evaluar un individuo en el
problema de optimización
def fitness(x):
    return -rosenbrock(x)   # Queremos minimizar la
función, por lo tanto, negativo

# Función para generar una población inicial de
individuos
def generar_poblacion(num_individuos, num_variables, limites):
    poblacion = []
```

```
    for _ in range(num_individuos):
        individuo = np.random.uniform(limites[0],
limites[1], size=num_variables)  # Generar un individuo
aleatorio
        poblacion.append(individuo)
    return poblacion

# Función de selección de ruleta para elegir individuos
def seleccion_ruleta(poblacion, fitness_values):
    probabilidad = fitness_values /
np.sum(fitness_values)
    indices_seleccionados =
np.random.choice(np.arange(len(poblacion)),
size=len(poblacion), p=probabilidad)
    return [poblacion[i] for i in indices_seleccionados]

# Función de cruce de dos padres para generar hijos
def cruce(padre1, padre2):
    punto_cruce = np.random.randint(1, len(padre1))
    hijo1 = np.concatenate((padre1[:punto_cruce],
padre2[punto_cruce:]))
    hijo2 = np.concatenate((padre2[:punto_cruce],
padre1[punto_cruce:]))
    return hijo1, hijo2

# Función de mutación en un individuo
def mutacion(individuo, prob_mutacion, limites):
    for i in range(len(individuo)):
        if np.random.rand() < prob_mutacion:
            individuo[i] += np.random.uniform(-0.1, 0.1)
# Mutar el valor del gen
            # Asegurar que el valor mutado esté dentro
de los límites
            individuo[i] = max(min(individuo[i],
limites[1]), limites[0])
    return individuo

# Función principal para ejecutar el algoritmo genético
```

```python
def algoritmo_genetico(num_generaciones, num_individuos,
num_variables, prob_mutacion, limites):
    poblacion = generar_poblacion(num_individuos,
num_variables, limites)
    for _ in range(num_generaciones):
        fitness_values = np.array([fitness(individuo)
for individuo in poblacion])
        seleccionados = seleccion_ruleta(poblacion,
fitness_values)
        descendientes = []
        for i in range(0, num_individuos, 2):
            hijo1, hijo2 = cruce(seleccionados[i],
seleccionados[i+1])
            hijo1 = mutacion(hijo1, prob_mutacion,
limites)
            hijo2 = mutacion(hijo2, prob_mutacion,
limites)
            descendientes.extend([hijo1, hijo2])
        poblacion = descendientes
    mejor_individuo = min(poblacion, key=fitness)
    return mejor_individuo, rosenbrock(mejor_individuo)

# Ejecutar el algoritmo genético para encontrar el
mínimo de la función de Rosenbrock
mejor_individuo, min_valor =
algoritmo_genetico(num_generaciones=100,
num_individuos=100, num_variables=2, prob_mutacion=0.1,
limites=(-5, 5))

# Mostrar el mejor individuo encontrado y su valor
mínimo
print("Mejor individuo:", mejor_individuo)
print("Valor mínimo de la función de Rosenbrock:",
min_valor)
```

Resultado:

Mejor individuo: [5. -5.]

Valor mínimo de la función de Rosenbrock: 90016.0

En este ejemplo, implementamos un algoritmo genético para encontrar el mínimo de la función de Rosenbrock. Definimos las funciones necesarias para evaluar el fitness de un individuo, generar la población inicial, seleccionar individuos, realizar cruce y mutación. Luego, ejecutamos el algoritmo genético para encontrar el mínimo de la función de Rosenbrock y mostramos el mejor individuo encontrado junto con su valor mínimo.

Ejercicio 41. Optimización de la Función de De Jong.

A continuación otro ejemplo similar de aplicación de algoritmos genéticos para encontrar el mínimo de una función. En este caso, resolveremos el problema de optimización de la función de De Jong N.º 1, que es una función continua y unimodal, utilizada como un problema de prueba estándar en la optimización.

Solución:

```
import numpy as np

# Definir la función de De Jong N.º 1
def dejong1(x):
    return sum(x**2)
```

```
# Función de fitness para evaluar un individuo en el
problema de optimización
def fitness(x):
    return -dejong1(x)  # Queremos minimizar la función,
por lo tanto, negativo

# Función para generar una población inicial de
individuos
def generar_poblacion(num_individuos, num_variables,
limites):
    poblacion = []
    for _ in range(num_individuos):
        individuo = np.random.uniform(limites[0],
limites[1], size=num_variables)   # Generar un individuo
aleatorio
        poblacion.append(individuo)
    return poblacion

# Función de selección de ruleta para elegir individuos
def seleccion_ruleta(poblacion, fitness_values):
    probabilidad = fitness_values /
np.sum(fitness_values)
    indices_seleccionados =
np.random.choice(np.arange(len(poblacion)),
size=len(poblacion), p=probabilidad)
    return [poblacion[i] for i in indices_seleccionados]
```

```python
# Función de cruce de dos padres para generar hijos
def cruce(padre1, padre2):
    punto_cruce = np.random.randint(1, len(padre1))
    hijo1 = np.concatenate((padre1[:punto_cruce], padre2[punto_cruce:]))
    hijo2 = np.concatenate((padre2[:punto_cruce], padre1[punto_cruce:]))
    return hijo1, hijo2

# Función de mutación en un individuo
def mutacion(individuo, prob_mutacion, limites):
    for i in range(len(individuo)):
        if np.random.rand() < prob_mutacion:
            individuo[i] += np.random.uniform(-0.1, 0.1)
# Mutar el valor del gen
            # Asegurar que el valor mutado esté dentro de los límites
            individuo[i] = max(min(individuo[i], limites[1]), limites[0])
    return individuo

# Función principal para ejecutar el algoritmo genético
def algoritmo_genetico(num_generaciones, num_individuos, num_variables, prob_mutacion, limites):
```

```
    poblacion = generar_poblacion(num_individuos,
num_variables, limites)
    for _ in range(num_generaciones):
        fitness_values = np.array([fitness(individuo)
for individuo in poblacion])
        seleccionados = seleccion_ruleta(poblacion,
fitness_values)
        descendientes = []
        for i in range(0, num_individuos, 2):
            hijo1, hijo2 = cruce(seleccionados[i],
seleccionados[i+1])
            hijo1 = mutacion(hijo1, prob_mutacion,
limites)
            hijo2 = mutacion(hijo2, prob_mutacion,
limites)
            descendientes.extend([hijo1, hijo2])
        poblacion = descendientes
    mejor_individuo = min(poblacion, key=fitness)
    return mejor_individuo, dejong1(mejor_individuo)

# Ejecutar el algoritmo genético para encontrar el
mínimo de la función de De Jong N.° 1
mejor_individuo, min_valor =
algoritmo_genetico(num_generaciones=100,
num_individuos=100, num_variables=2, prob_mutacion=0.1,
limites=(-5, 5))
```

```
# Mostrar el mejor individuo encontrado y su valor
mínimo
print("Mejor individuo:", mejor_individuo)
print("Valor mínimo de la función de De Jong N.º 1:",
min_valor)
```

Resultado:

Mejor individuo: [5. 5.]

Valor mínimo de la función de De Jong N.º 1: 50.0

En este ejemplo, implementamos un algoritmo genético para encontrar el mínimo de la función de De Jong N.º 1. Definimos las funciones necesarias para evaluar el fitness de un individuo, generar la población inicial, seleccionar individuos, realizar cruce y mutación. Luego, ejecutamos el algoritmo genético para encontrar el mínimo de la función de De Jong N.º 1 y mostramos el mejor individuo encontrado junto con su valor mínimo.

Ejercicio 42. Optimización de la Función Ackley.

Aquí tienes otro ejemplo similar de aplicación de algoritmos genéticos para encontrar el mínimo de una función. En este caso, resolveremos el problema de optimización de la función de Ackley, que es una función continua y multimodal, a menudo utilizada como caso de prueba en algoritmos de optimización.

Solución:

```python
import numpy as np


# Definir la función de Ackley

def ackley(x):

    a = 20

    b = 0.2

    c = 2 * np.pi

    n = len(x)

    sum1 = np.sum(x**2)

    sum2 = np.sum(np.cos(c * x))

    return -a * np.exp(-b * np.sqrt(sum1 / n)) - np.exp(sum2 / n) + a + np.exp(1)



# Función de fitness para evaluar un individuo en el problema de optimización

def fitness(x):

    return -ackley(x)   # Queremos minimizar la función, por lo tanto, negativo
```

```python
# Función para generar una población inicial de individuos

def generar_poblacion(num_individuos, num_variables, limites):

    poblacion = []

    for _ in range(num_individuos):

        individuo = np.random.uniform(limites[0], limites[1], size=num_variables)  # Generar un individuo aleatorio

        poblacion.append(individuo)

    return poblacion



# Función de selección de ruleta para elegir individuos

def seleccion_ruleta(poblacion, fitness_values):

    probabilidad = fitness_values / np.sum(fitness_values)

    indices_seleccionados = np.random.choice(np.arange(len(poblacion)), size=len(poblacion), p=probabilidad)

    return [poblacion[i] for i in indices_seleccionados]
```

```python
# Función de cruce de dos padres para generar hijos
def cruce(padre1, padre2):
    punto_cruce = np.random.randint(1, len(padre1))
    hijo1 = np.concatenate((padre1[:punto_cruce], padre2[punto_cruce:]))
    hijo2 = np.concatenate((padre2[:punto_cruce], padre1[punto_cruce:]))
    return hijo1, hijo2


# Función de mutación en un individuo
def mutacion(individuo, prob_mutacion, limites):
    for i in range(len(individuo)):
        if np.random.rand() < prob_mutacion:
            individuo[i] += np.random.uniform(-0.1, 0.1)  # Mutar el valor del gen
            # Asegurar que el valor mutado esté dentro de los límites
            individuo[i] = max(min(individuo[i], limites[1]), limites[0])
```

```
    return individuo


# Función principal para ejecutar el algoritmo genético

def algoritmo_genetico(num_generaciones, num_individuos,
num_variables, prob_mutacion, limites):

    poblacion = generar_poblacion(num_individuos,
num_variables, limites)

    for _ in range(num_generaciones):

        fitness_values = np.array([fitness(individuo)
for individuo in poblacion])

        seleccionados = seleccion_ruleta(poblacion,
fitness_values)

        descendientes = []

        for i in range(0, num_individuos, 2):

            hijo1, hijo2 = cruce(seleccionados[i],
seleccionados[i+1])

            hijo1 = mutacion(hijo1, prob_mutacion,
limites)

            hijo2 = mutacion(hijo2, prob_mutacion,
limites)
```

```
            descendientes.extend([hijo1, hijo2])

        poblacion = descendientes

    mejor_individuo = min(poblacion, key=fitness)

    return mejor_individuo, ackley(mejor_individuo)
```

```
# Ejecutar el algoritmo genético para encontrar el mínimo de la función de Ackley

mejor_individuo, min_valor = algoritmo_genetico(num_generaciones=100, num_individuos=100, num_variables=2, prob_mutacion=0.1, limites=(-5, 5))
```

```
# Mostrar el mejor individuo encontrado y su valor mínimo

print("Mejor individuo:", mejor_individuo)

print("Valor mínimo de la función de Ackley:", min_valor)
```

Resultado:

Mejor individuo: [-4.57944612 4.59359993]

Valor mínimo de la función de Ackley: 14.301108080674254

En este ejemplo, implementamos un algoritmo genético para encontrar el mínimo de la función de Ackley. Definimos las funciones necesarias para evaluar el fitness de un individuo, generar la población inicial, seleccionar individuos, realizar cruce y mutación. Luego, ejecutamos el algoritmo genético para encontrar el mínimo de la función de Ackley y mostramos el mejor individuo encontrado junto con su valor mínimo.

Ejercicio 43. Optimización de la Función de Rastringin.

A continuación otro ejemplo similar de aplicación de algoritmos genéticos para encontrar el mínimo de una función. En este caso, resolveremos el problema de optimización de la función de Rastrigin, que es una función continua, multimodal y no convexa, comúnmente utilizada como caso de prueba en algoritmos de optimización.

Solución:

```
import numpy as np

# Definir la función de Rastrigin
def rastrigin(x):
    A = 10
    n = len(x)
```

```
    return A * n + np.sum(x**2 - A * np.cos(2 * np.pi * x))

# Función de fitness para evaluar un individuo en el problema de optimización
def fitness(x):
    return -rastrigin(x)  # Queremos minimizar la función, por lo tanto, negativo

# Función para generar una población inicial de individuos
def generar_poblacion(num_individuos, num_variables, limites):
    poblacion = []
    for _ in range(num_individuos):
        individuo = np.random.uniform(limites[0], limites[1], size=num_variables)  # Generar un individuo aleatorio
        poblacion.append(individuo)
    return poblacion

# Función de selección de ruleta para elegir individuos
def seleccion_ruleta(poblacion, fitness_values):
    probabilidad = fitness_values / np.sum(fitness_values)
    indices_seleccionados = np.random.choice(np.arange(len(poblacion)), size=len(poblacion), p=probabilidad)
    return [poblacion[i] for i in indices_seleccionados]

# Función de cruce de dos padres para generar hijos
def cruce(padre1, padre2):
    punto_cruce = np.random.randint(1, len(padre1))
    hijo1 = np.concatenate((padre1[:punto_cruce], padre2[punto_cruce:]))
    hijo2 = np.concatenate((padre2[:punto_cruce], padre1[punto_cruce:]))
    return hijo1, hijo2
```

```python
# Función de mutación en un individuo
def mutacion(individuo, prob_mutacion, limites):
    for i in range(len(individuo)):
        if np.random.rand() < prob_mutacion:
            individuo[i] += np.random.uniform(-0.1, 0.1)
# Mutar el valor del gen
            # Asegurar que el valor mutado esté dentro de los límites
            individuo[i] = max(min(individuo[i], limites[1]), limites[0])
    return individuo

# Función principal para ejecutar el algoritmo genético
def algoritmo_genetico(num_generaciones, num_individuos, num_variables, prob_mutacion, limites):
    poblacion = generar_poblacion(num_individuos, num_variables, limites)
    for _ in range(num_generaciones):
        fitness_values = np.array([fitness(individuo) for individuo in poblacion])
        seleccionados = seleccion_ruleta(poblacion, fitness_values)
        descendientes = []
        for i in range(0, num_individuos, 2):
            hijo1, hijo2 = cruce(seleccionados[i], seleccionados[i+1])
            hijo1 = mutacion(hijo1, prob_mutacion, limites)
            hijo2 = mutacion(hijo2, prob_mutacion, limites)
            descendientes.extend([hijo1, hijo2])
        poblacion = descendientes
    mejor_individuo = min(poblacion, key=fitness)
    return mejor_individuo, rastrigin(mejor_individuo)

# Ejecutar el algoritmo genético para encontrar el mínimo de la función de Rastrigin
```

```
mejor_individuo, min_valor =
algoritmo_genetico(num_generaciones=100,
num_individuos=100, num_variables=2, prob_mutacion=0.1,
limites=(-5.12, 5.12))

# Mostrar el mejor individuo encontrado y su valor
mínimo
print("Mejor individuo:", mejor_individuo)
print("Valor mínimo de la función de Rastrigin:",
min_valor)
```

Resultado:

Mejor individuo: [4.54359509 4.52199876]

Valor mínimo de la función de Rastrigin: 80.62454394801946

En este ejemplo, implementamos un algoritmo genético para encontrar el mínimo de la función de Rastrigin. Definimos las funciones necesarias para evaluar el fitness de un individuo, generar la población inicial, seleccionar individuos, realizar cruce y mutación. Luego, ejecutamos el algoritmo genético para encontrar el mínimo de la función de Rastrigin y mostramos el mejor individuo encontrado junto con su valor mínimo.

Ejercicio 44. Optimización de la Función Griewank.

A continuación otro ejemplo similar de aplicación de algoritmos genéticos para encontrar el mínimo de una función. En este caso, resolveremos el problema de optimización de la función de Griewank, que es una función multimodal y a menudo se utiliza como un caso de prueba desafiante para algoritmos de optimización.

Solución:

```
import numpy as np
from deap import base, creator, tools

# Definir la función de Griewank
def griewank(x):
    sum_term = np.sum(x**2) / 4000
    prod_term = np.prod(np.cos(x / np.sqrt(np.arange(1, len(x) + 1))))
    return 1 + sum_term - prod_term

# Función de fitness para evaluar un individuo en el problema de optimización
def fitness(x):
    return griewank(x),

# Función para generar una población inicial de individuos
def generar_poblacion(num_individuos, num_variables):
    poblacion = []
    for _ in range(num_individuos):
        individuo = np.random.uniform(-600, 600, size=num_variables)  # Generar un individuo aleatorio
        poblacion.append(individuo)
    return poblacion

# Función de selección de ruleta para elegir individuos
def seleccion_ruleta(poblacion, fitness_values):
    probabilidad = fitness_values / np.sum(fitness_values)
    probabilidad = probabilidad.ravel()   # Convertir a unidimensional
```

```python
    indices_seleccionados =
np.random.choice(np.arange(len(poblacion)),
size=len(poblacion), p=probabilidad)
    return [poblacion[i] for i in indices_seleccionados]

# Función de cruce de dos padres para generar hijos
def cruce(padre1, padre2):
    punto_cruce = np.random.randint(1, len(padre1))
    hijo1 = np.concatenate((padre1[:punto_cruce],
padre2[punto_cruce:]))
    hijo2 = np.concatenate((padre2[:punto_cruce],
padre1[punto_cruce:]))
    return hijo1, hijo2

# Función de mutación en un individuo
def mutacion(individuo, prob_mutacion):
    for i in range(len(individuo)):
        if np.random.rand() < prob_mutacion:
            individuo[i] += np.random.normal(scale=1) #
Mutar el valor del gen
    return individuo

# Función principal para ejecutar el algoritmo genético
def algoritmo_genetico(num_generaciones, num_individuos,
num_variables, prob_mutacion):
    poblacion = generar_poblacion(num_individuos,
num_variables)
    for _ in range(num_generaciones):
        fitness_values = np.array([fitness(individuo)
for individuo in poblacion])
        seleccionados = seleccion_ruleta(poblacion,
fitness_values)
        descendientes = []
        for i in range(0, num_individuos, 2):
            hijo1, hijo2 = cruce(seleccionados[i],
seleccionados[i+1])
            hijo1 = mutacion(hijo1, prob_mutacion)
            hijo2 = mutacion(hijo2, prob_mutacion)
```

```
        descendientes.extend([hijo1, hijo2])
      poblacion = descendientes
   mejor_individuo = min(poblacion, key=lambda x:
fitness(x)[0])
    return mejor_individuo, griewank(mejor_individuo)

# Ejecutar el algoritmo genético para encontrar el
mínimo de la función de Griewank
mejor_individuo, min_valor =
algoritmo_genetico(num_generaciones=100,
num_individuos=100, num_variables=10, prob_mutacion=0.1)

# Mostrar el mejor individuo encontrado y su valor
mínimo
print("Mejor individuo:", mejor_individuo)
print("Valor mínimo:", min_valor)
```

Resultado:

**Mejor individuo: [-579.56142144 371.03215846 569.96103913
589.21589996 -404.43879288
 -460.05108684 -468.24607677 580.45126498 -547.23245662
517.14556955]
Valor mínimo: 661.9714381908358**

En este ejemplo, implementamos un algoritmo genético para encontrar el mínimo de la función de Griewank. Definimos las funciones necesarias para evaluar el fitness de un individuo, generar la población inicial, seleccionar individuos, realizar cruce y mutación. Luego, ejecutamos el algoritmo genético para encontrar el mínimo de la función de Griewank y mostramos el mejor individuo encontrado junto con su valor mínimo.

Ejercicio 45. Optimización de la Función Esférica.

A continuación un ejemplo de un ejercicio donde se utiliza la Función Esférica en un algoritmo genético para la optimización:

Supongamos que queremos minimizar la Función Esférica en un espacio de búsqueda de dimensiones arbitrarias utilizando un algoritmo genético. La Función Esférica es una función convexa simple que tiene un mínimo global en el punto

$x_i=0$ para $i=1,2,\ldots,n$, donde n es la dimensión del espacio de búsqueda.

Aquí hay un esbozo de cómo podríamos implementar este ejercicio en Python:

Solución:

```
import numpy as np

# Definir la Función Esférica
def esferica(x):
    return np.sum(np.square(x))
```

```python
# Función de evaluación (fitness)
def fitness(x):
    return esferica(x)

# Función para generar una población inicial de individuos
def generar_poblacion(num_individuos, dimension):
    return [np.random.uniform(-5.12, 5.12, size=dimension) for _ in range(num_individuos)]

# Función de selección de ruleta para elegir individuos
def seleccion_ruleta(poblacion, fitness_values):
    probabilidad = fitness_values / np.sum(fitness_values)
    indices_seleccionados = np.random.choice(np.arange(len(poblacion)), size=len(poblacion), p=probabilidad)
    return [poblacion[i] for i in indices_seleccionados]

# Función de cruce de dos padres para generar hijos
def cruce(padre1, padre2):
    punto_cruce = np.random.randint(1, len(padre1))
    hijo1 = np.concatenate((padre1[:punto_cruce], padre2[punto_cruce:]))
```

```python
        hijo2 = np.concatenate((padre2[:punto_cruce],
padre1[punto_cruce:]))
    return hijo1, hijo2

# Función de mutación en un individuo
def mutacion(individuo, prob_mutacion):
    for i in range(len(individuo)):
        if np.random.rand() < prob_mutacion:
            individuo[i] += np.random.normal(scale=0.1)
# Mutar el valor del gen
    return individuo

# Función principal para ejecutar el algoritmo genético
def algoritmo_genetico(num_generaciones, num_individuos,
dimension, prob_mutacion):
    poblacion = generar_poblacion(num_individuos,
dimension)
    for _ in range(num_generaciones):
        fitness_values = np.array([fitness(individuo)
for individuo in poblacion])
        seleccionados = seleccion_ruleta(poblacion,
fitness_values)
        descendientes = []
        for i in range(0, num_individuos, 2):
            hijo1, hijo2 = cruce(seleccionados[i],
seleccionados[i+1])
```

```
            hijo1 = mutacion(hijo1, prob_mutacion)
            hijo2 = mutacion(hijo2, prob_mutacion)
            descendientes.extend([hijo1, hijo2])
        poblacion = descendientes
    mejor_individuo = min(poblacion, key=fitness)
    return mejor_individuo, esferica(mejor_individuo)

# Ejecutar el algoritmo genético para minimizar la
Función Esférica
mejor_individuo, min_valor =
algoritmo_genetico(num_generaciones=100,
num_individuos=100, dimension=10, prob_mutacion=0.1)

# Mostrar el mejor individuo encontrado y su valor
mínimo
print("Mejor individuo:", mejor_individuo)
print("Valor mínimo:", min_valor)
```

Resultado:

**Mejor individuo: [4.67110328 -4.86834282 5.29351757 5.04656914
-4.58165613 4.34133169
  3.87244336 -3.79356359 -4.67346816 4.85983949]
Valor mínimo: 213.69417662729347**

Este es solo un ejemplo básico de cómo se puede implementar un algoritmo genético para optimizar la Función Esférica en Python. Este código puede adaptarse y ajustarse según las necesidades específicas del problema y las preferencias de implementación.

Ejercicio 46. Optimización de la Función De Jong 2.

Este es un ejemplo de un ejercicio utilizando la Función de Jong 2 en un algoritmo genético:

La Función de Jong 2 es una función de optimización que tiene su mínimo global en el punto

$f(x)=0$, donde $x_i=0$ para $i=1,2,\ldots,n$. Esta función se define como:

$f(x)=\sum_{i=1}^{n}|x_i|$

Aquí está un esbozo de cómo podríamos implementar un algoritmo genético para minimizar la Función de Jong 2 en Python:

Solución:

```
import numpy as np
```

```python
# Definir la Función de Jong 2
def jong2(x):
    return np.sum(np.abs(x))


# Función de evaluación (fitness)
def fitness(x):
    return jong2(x)


# Función para generar una población inicial de individuos
def generar_poblacion(num_individuos, dimension):
    return [np.random.uniform(-5.12, 5.12, size=dimension) for _ in range(num_individuos)]


# Función de selección de ruleta para elegir individuos
def seleccion_ruleta(poblacion, fitness_values):
    probabilidad = fitness_values / np.sum(fitness_values)
    indices_seleccionados = np.random.choice(np.arange(len(poblacion)), size=len(poblacion), p=probabilidad)
    return [poblacion[i] for i in indices_seleccionados]


# Función de cruce de dos padres para generar hijos
def cruce(padre1, padre2):
```

```python
    punto_cruce = np.random.randint(1, len(padre1))
    hijo1 = np.concatenate((padre1[:punto_cruce], padre2[punto_cruce:]))
    hijo2 = np.concatenate((padre2[:punto_cruce], padre1[punto_cruce:]))
    return hijo1, hijo2


# Función de mutación en un individuo
def mutacion(individuo, prob_mutacion):
    for i in range(len(individuo)):
        if np.random.rand() < prob_mutacion:
            individuo[i] += np.random.normal(scale=0.1)
# Mutar el valor del gen
    return individuo


# Función principal para ejecutar el algoritmo genético
def algoritmo_genetico(num_generaciones, num_individuos, dimension, prob_mutacion):
    poblacion = generar_poblacion(num_individuos, dimension)
    for _ in range(num_generaciones):
        fitness_values = np.array([fitness(individuo) for individuo in poblacion])
        seleccionados = seleccion_ruleta(poblacion, fitness_values)
        descendientes = []
```

```
        for i in range(0, num_individuos, 2):
            hijo1, hijo2 = cruce(seleccionados[i],
seleccionados[i+1])
            hijo1 = mutacion(hijo1, prob_mutacion)
            hijo2 = mutacion(hijo2, prob_mutacion)
            descendientes.extend([hijo1, hijo2])
        poblacion = descendientes
    mejor_individuo = min(poblacion, key=fitness)
    return mejor_individuo, jong2(mejor_individuo)

# Ejecutar el algoritmo genético para minimizar la
Función de Jong 2
mejor_individuo, min_valor =
algoritmo_genetico(num_generaciones=100,
num_individuos=100, dimension=10, prob_mutacion=0.1)

# Mostrar el mejor individuo encontrado y su valor
mínimo
print("Mejor individuo:", mejor_individuo)
print("Valor mínimo:", min_valor)
```

Resultado:

Mejor individuo: [-3.61173593 -4.65937216 -4.34150841 -4.06777986
4.62928768 3.31050729
 -4.46940688 4.5674103   4.03125304 4.87706864]
Valor mínimo: 42.56533020180139

Este código implementa un algoritmo genético para minimizar la Función de Jong 2 en un espacio de búsqueda de 10 dimensiones. Puedes ajustar los parámetros como el número de generaciones, el tamaño de la población, la dimensión del espacio de búsqueda y la probabilidad de mutación según sea necesario.

Ejercicio 47. Optimización de la Función De Jong 3.

Este es un ejemplo de cómo podrías utilizar la Función de Jong 3 en un ejercicio de algoritmo genético:

La Función de Jong 3 se define como:

$f(x) = \sum_{i=1}^{n}(x_i - 1)^2$

donde x_i está en el rango de [-5.12, 5.12] para todo

$i=1,2,\ldots,n$. Esta función tiene su mínimo global en $f(x)=0$, donde

$x_i=1$ para todo i.

A continuación, presento un ejemplo de implementación utilizando Python y la biblioteca de algoritmos evolutivos DEAP (Distributed Evolutionary Algorithms in Python):

Solución:

```
import random
import numpy as np
from deap import base, creator, tools

# Definir la función de evaluación (fitness)
def jong3_function(x):
 return sum((xi - 1)**2 for xi in x),

# Configuración de DEAP
creator.create("FitnessMin", base.Fitness, weights=(-1.0,))
creator.create("Individual", list, fitness=creator.FitnessMin)
toolbox = base.Toolbox()

# Definir los límites del intervalo
BOUND_LOW, BOUND_UP = -5.12, 5.12

# Registrar operadores en el toolbox de DEAP
toolbox.register("attr_float", random.uniform, BOUND_LOW, BOUND_UP)
toolbox.register("individual", tools.initRepeat, creator.Individual, toolbox.attr_float, n=2)
toolbox.register("population", tools.initRepeat, list, toolbox.individual)
```

```python
# Definir la función de evaluación
toolbox.register("evaluate", jong3_function)

# Definir los operadores genéticos
toolbox.register("mate", tools.cxBlend, alpha=0.5)
toolbox.register("mutate", tools.mutGaussian, mu=0,
sigma=1, indpb=0.1)
toolbox.register("select", tools.selTournament,
tournsize=3)

# Configurar parámetros del algoritmo genético
population_size = 50
num_generations = 100

# Inicializar población
population = toolbox.population(n=population_size)

# Ejecutar algoritmo genético
for gen in range(num_generations):
 offspring = algorithms.varAnd(population, toolbox,
cxpb=0.5, mutpb=0.1)
 fits = toolbox.map(toolbox.evaluate, offspring)
 for fit, ind in zip(fits, offspring):
  ind.fitness.values = fit
 population[:] = offspring

# Obtener la mejor solución encontrada
best_solution = tools.selBest(population, k=1)[0]
best_fitness = jong3_function(best_solution)[0]

print("Mejor solución encontrada:", best_solution)
print("Valor mínimo encontrado:", best_fitness)
```

Resultado:

Mejor solución encontrada: [0.5142254034701216,

0.5085509265756188]

Valor mínimo encontrado: 0.4774991504034489

Este código utiliza la biblioteca DEAP para implementar un algoritmo genético que minimiza la Función de Jong 3 en un espacio de búsqueda de dos dimensiones. Puedes ajustar los parámetros y las configuraciones del algoritmo según tus necesidades específicas.

Ejercicio 48. Optimización de la Función De Jong 4.

Este es un ejemplo de cómo podrías utilizar la Función de Jong 4 en un ejercicio de algoritmo genético:

La Función de Jong 4 es una función de optimización que tiene su mínimo global en el punto

$f(x)=0$, donde $x_i=0$ para $i=1,2,\ldots,n$. Esta función se define como:

$f(x)=\sum_{i=1}^{n}(x_i^2)$ donde x_i está en el rango de [-5.12, 5.12] para todo $i=1,2,\ldots,n$.

A continuación, presento un ejemplo de implementación utilizando Python y la biblioteca de algoritmos evolutivos DEAP (Distributed Evolutionary Algorithms in Python):

Solución:

```
import random
from deap import base, creator, tools, algorithms

# Definir la función de evaluación (fitness)
def jong4_function(x):
    return sum(xi**2 for xi in x),

# Configuración de DEAP
creator.create("FitnessMin", base.Fitness, weights=(-1.0,))
creator.create("Individual", list, fitness=creator.FitnessMin)
toolbox = base.Toolbox()

# Definir los límites del intervalo
BOUND_LOW, BOUND_UP = -5.12, 5.12

# Registrar operadores en el toolbox de DEAP
toolbox.register("attr_float", random.uniform, BOUND_LOW, BOUND_UP)
toolbox.register("individual", tools.initRepeat, creator.Individual, toolbox.attr_float, n=10)
toolbox.register("population", tools.initRepeat, list, toolbox.individual)

# Definir la función de evaluación
toolbox.register("evaluate", jong4_function)

# Definir los operadores genéticos
```

```
toolbox.register("mate", tools.cxBlend, alpha=0.5)
toolbox.register("mutate", tools.mutGaussian, mu=0,
sigma=1, indpb=0.1)
toolbox.register("select", tools.selTournament,
tournsize=3)

# Configurar parámetros del algoritmo genético
population_size = 50
num_generations = 100

# Inicializar población
population = toolbox.population(n=population_size)

# Ejecutar algoritmo genético
for gen in range(num_generations):
    offspring = algorithms.varAnd(population, toolbox,
cxpb=0.5, mutpb=0.1)
    fits = toolbox.map(toolbox.evaluate, offspring)
    for fit, ind in zip(fits, offspring):
        ind.fitness.values = fit
    population[:] = offspring

# Obtener la mejor solución encontrada
best_solution = tools.selBest(population, k=1)[0]
best_fitness = jong4_function(best_solution)[0]

print("Mejor solución encontrada:", best_solution)
print("Valor mínimo encontrado:", best_fitness)
```

Resultado:

Mejor solución encontrada: [0.9081955038249458, -1.7842927913663584, 1.5513449155321157, 0.304309870837834, -1.457181088775423, 0.8640787979828373, 0.113549432898713, -0.8059615471177076, 1.2111197813291064, -1.4684613909398425]

Valor mínimo encontrado: 13.663461748086304

Este código utiliza la biblioteca DEAP para implementar un algoritmo genético que minimiza la Función de Jong 4 en un espacio de búsqueda de diez dimensiones. Puedes ajustar los parámetros y las configuraciones del algoritmo según tus necesidades específicas.

Conclusiones:

- *Los algoritmos genéticos son técnicas de optimización y búsqueda inspiradas en la evolución natural.*

Los algoritmos genéticos son una clase de algoritmos de optimización y búsqueda que están inspirados en los procesos evolutivos naturales observados en la biología, particularmente en la teoría de la evolución de Charles Darwin. La idea fundamental detrás de los algoritmos genéticos es imitar la evolución de una población de soluciones a lo largo de varias generaciones para encontrar una solución óptima o satisfactoria a un problema dado.

Aquí hay una explicación más detallada de cómo funcionan y cómo se inspiran en la evolución natural:

1. Representación de soluciones:
En un algoritmo genético, una solución potencial a un problema (llamada individuo o cromosoma) se representa típicamente como un conjunto de parámetros o genes. Estos genes pueden tomar valores que representan posibles soluciones al problema.

2. Población inicial:

Al igual que en la biología, un algoritmo genético comienza con una población inicial de soluciones aleatorias. Esta población inicial puede ser generada de manera aleatoria o utilizando algún conocimiento previo del problema.

3. Evaluación de la aptitud:
Cada individuo en la población se evalúa mediante una función de aptitud (fitness function), que mide qué tan buena es la solución representada por ese individuo en términos de la calidad de la solución al problema. La función de aptitud asigna un valor numérico a cada individuo, que indica qué tan cerca está esa solución de ser óptima.

4. Selección:

Los individuos en la población se seleccionan para la reproducción en función de su aptitud relativa. Los individuos con una mayor aptitud tienen una mayor probabilidad de ser seleccionados para reproducirse y producir descendencia.

5. Cruce (crossover):

Durante el proceso de reproducción, los individuos seleccionados se combinan para crear nuevos individuos (descendientes) mediante operadores de cruce. Estos operadores mezclan los genes de los padres para producir una nueva solución que puede heredar características beneficiosas de ambos padres.

6. Mutación:

Además del cruce, se introduce cierta cantidad de aleatoriedad en el proceso mediante la mutación. Durante la mutación, algunos genes en los individuos descendientes pueden cambiar aleatoriamente para explorar nuevas áreas del espacio de búsqueda.

7. Reemplazo:

Los individuos descendientes reemplazan a los individuos menos aptos en la población anterior. Este proceso garantiza que la población evolucione hacia soluciones más óptimas a lo largo de las generaciones.

8. Iteración:

Este proceso de selección, cruce, mutación y reemplazo se repite durante varias generaciones hasta que se alcanza un criterio de detención predefinido, como un número máximo de generaciones o una convergencia satisfactoria hacia una solución.

9. Convergencia:

Idealmente, el algoritmo convergerá hacia una solución óptima o satisfactoria para el problema dado. Sin embargo, no hay garantía de que esto ocurra, ya que la exploración del espacio de búsqueda puede ser limitada por varios factores, como el tamaño de la población y los operadores genéticos utilizados.

En resumen, los algoritmos genéticos son una poderosa herramienta de optimización que se basa en los principios de la selección natural y la evolución para encontrar soluciones efectivas a una amplia gama de problemas en áreas como la ingeniería, la informática, la biología y la economía, entre otras.

- *Se utilizan para resolver problemas de optimización global en espacios de búsqueda complejos.*

Los algoritmos genéticos (AG) son una técnica de optimización que se utiliza para encontrar soluciones óptimas o cercanas a la óptima en problemas de optimización global en espacios de búsqueda complejos. Aquí te explico más detalladamente qué significa resolver problemas de optimización global en espacios de búsqueda complejos:

Problemas de optimización global:

Los problemas de optimización global implican encontrar el conjunto de parámetros que minimiza o maximiza una función objetivo, también conocida como función de aptitud o fitness, en todo el dominio de posibles soluciones. La dificultad de estos problemas radica en que pueden tener múltiples óptimos locales, y el objetivo es encontrar el óptimo global, es decir, el punto donde la función objetivo alcanza su valor mínimo o máximo en todo el espacio de búsqueda.

Espacios de búsqueda complejos:
Los espacios de búsqueda de los problemas de optimización global pueden ser extremadamente complejos y multidimensionales. Esto significa que las soluciones potenciales se representan en un espacio de alta dimensionalidad donde cada dimensión corresponde a un parámetro del problema. Estos espacios pueden ser continuos, discretos o una combinación de ambos, lo que agrega aún más complejidad al problema.

Desafíos de la optimización global:

Resolver problemas de optimización global presenta varios desafíos:

> Óptimos locales: Los problemas pueden tener múltiples óptimos locales, que son soluciones que son óptimas solo dentro de una región local del espacio de búsqueda pero no globalmente.
> Espacios de búsqueda complejos: Los espacios de búsqueda pueden ser altamente complejos, con múltiples valles y picos, lo que dificulta la búsqueda de la solución óptima.
> Costo computacional: La evaluación de la función objetivo puede ser costosa computacionalmente, especialmente en problemas del mundo real donde la función puede implicar la simulación de sistemas complejos.

Utilización de algoritmos genéticos para resolver estos problemas:

Los algoritmos genéticos son una opción efectiva para abordar problemas de optimización global en espacios de búsqueda complejos por varias razones:

> Exploración robusta: Los AG utilizan una población de soluciones potenciales que evoluciona a lo largo del tiempo. Esto les permite explorar el espacio de búsqueda de manera más completa y robusta que otros métodos de optimización.
> Evasión de óptimos locales: Al mantener la diversidad en la población y utilizar operadores de cruce y mutación, los AG pueden escapar de óptimos locales y continuar explorando el espacio de búsqueda en busca del óptimo global.
> Paralelismo: Los AG son altamente paralelizables, lo que los hace adecuados para problemas que requieren una gran cantidad de evaluaciones de la función objetivo.
> Flexibilidad: Los AG son altamente adaptables y pueden ser aplicados a una amplia gama de problemas, ya que no requieren conocimiento detallado del problema específico o de la función objetivo.

Los algoritmos genéticos son una herramienta poderosa y versátil para resolver problemas de optimización global en espacios de búsqueda complejos, permitiendo encontrar soluciones óptimas o cercanas a la óptima en una variedad de aplicaciones en ciencia, ingeniería, economía y más.

- *La población de soluciones evoluciona a lo largo de las generaciones mediante operadores genéticos como la selección, el cruce y la mutación.*

1. Selección:

La selección es el proceso por el cual se eligen los individuos más aptos de la población actual para reproducirse y crear descendencia para la próxima generación. Hay varios métodos de selección utilizados en los algoritmos genéticos, como la selección por torneo, la selección proporcional a la aptitud (ruleta), la selección por rango, entre otros. Estos métodos tienen como objetivo aumentar la probabilidad de que los individuos más aptos pasen sus características beneficiosas a la siguiente generación.

2. Cruce (Crossover):

El cruce es el proceso mediante el cual dos individuos seleccionados se combinan para producir descendencia. Durante el cruce, se intercambian segmentos de información genética (genes) entre los padres para crear nuevos individuos que pueden heredar características beneficiosas de ambos padres. Hay varios operadores de cruce utilizados en los algoritmos genéticos, como el cruce de un solo punto, el cruce de dos puntos, el cruce uniforme, entre otros.

3. Mutación:

La mutación introduce variabilidad en la población al cambiar aleatoriamente algunos genes en los individuos seleccionados. Este proceso ayuda a evitar la convergencia prematura y a explorar nuevas áreas del espacio de búsqueda que pueden contener soluciones óptimas. La tasa de mutación es un parámetro importante que controla la probabilidad de que ocurra una mutación en un gen dado. La mutación puede ser de diferentes tipos, como la mutación de bit único, la mutación uniforme, la mutación gaussiana, entre otros.

4. Reemplazo:

Una vez que se han aplicado los operadores genéticos, la nueva descendencia reemplaza a los individuos menos aptos en la población actual. Este proceso asegura que la población evolucione hacia soluciones más óptimas con el tiempo. Dependiendo del esquema de reemplazo utilizado, la nueva descendencia puede reemplazar completamente a la población anterior o puede combinarse con ella para formar una nueva generación.

Ciclo evolutivo:

El proceso completo de selección, cruce, mutación y reemplazo se repite durante varias generaciones hasta que se cumple un criterio de terminación, como un número máximo de generaciones o la convergencia a una solución óptima o satisfactoria.

En resumen, la evolución de la población en un algoritmo genético se lleva a cabo mediante operadores genéticos como la selección, el cruce y la mutación, que trabajan en conjunto para buscar soluciones óptimas o cercanas a la óptima en problemas de optimización. Estos operadores imitan los procesos de reproducción y variación en la naturaleza y permiten que el algoritmo explore y optimice el espacio de búsqueda de manera eficiente.

- *Estos algoritmos pueden ser aplicados a una amplia gama de problemas en áreas como la ingeniería, la informática, la biología y la economía, entre otras.*

Los algoritmos genéticos (AG) son una herramienta poderosa y versátil que puede aplicarse a una amplia gama de problemas en diversas áreas. Aquí hay una explicación más detallada de cómo los AG pueden ser utilizados en diferentes campos:

1. Ingeniería:
En ingeniería, los AG se utilizan para resolver problemas de diseño, optimización de procesos, control y planificación. Por ejemplo, pueden utilizarse para optimizar la forma y el diseño de componentes mecánicos, eléctricos o estructurales, mejorar la eficiencia de los procesos de fabricación, diseñar redes de transporte eficientes, optimizar la distribución de recursos y planificar horarios de producción.

2. Informática:
En informática, los AG son ampliamente utilizados en problemas de optimización combinatoria, como la programación de horarios, la asignación de recursos, el enrutamiento de redes, la optimización de rutas y la planificación de proyectos. También se aplican en áreas como la inteligencia artificial, el aprendizaje automático y la optimización de algoritmos.

3. Biología y Bioinformática:
En biología y bioinformática, los AG se utilizan para modelar y simular procesos biológicos, como la evolución de especies, la estructura de proteínas, la predicción de la estructura del ADN y la búsqueda de secuencias genéticas similares. También se utilizan en el diseño de fármacos, la selección de características en análisis genómicos y la optimización de algoritmos de alineación de secuencias.

4. Economía:
En economía, los AG se utilizan para modelar y simular sistemas económicos complejos, optimizar carteras de inversión, predecir el comportamiento del mercado, diseñar estrategias de negociación y resolver problemas de asignación de recursos. También se aplican en áreas como la optimización de rutas de transporte y la planificación de la cadena de suministro.

5. Otras áreas:

Además de los campos mencionados, los AG también se aplican en áreas como la robótica, la meteorología, la física, la química, la logística, la planificación urbana, la medicina y muchas otras. Su versatilidad y capacidad para encontrar soluciones efectivas en problemas complejos los hacen una herramienta valiosa en una amplia variedad de aplicaciones y disciplinas.

En resumen, los algoritmos genéticos son una técnica poderosa y flexible que puede ser aplicada en una amplia gama de problemas en diversas áreas, ofreciendo soluciones efectivas y eficientes para problemas de optimización, diseño, modelado y simulación en la ciencia, la ingeniería y más allá.

www.ingramcontent.com/pod-product-compliance
Lightning Source LLC
Chambersburg PA
CBHW071916210526
45479CB00002B/434